사자성어 바르게 쓰기

사자성어
바르게 쓰기

개정판 1쇄 발행 | 2023년 05월 31일

엮은이 | 편집부

발행인 | 김선희 · 대 표 | 김종대
펴낸곳 | 도서출판 매월당
책임편집 | 박옥훈 · 디자인 | 윤정선 · 마케터 | 양진철 · 김용준

등록번호 | 388-2006-000018호
등록일 | 2005년 4월 7일
주소 | 경기도 부천시 소사구 중동로 71번길 39, 109동 1601호
　　　(송내동, 뉴서울아파트)
전화 | 032-666-1130 · 팩스 | 032-215-1130

ISBN 979-11-7029-233-3 (13710)

이 도서의 국립중앙도서관 출판시도서목록(CIP)은 서지정보유통지원시스템 홈페이지(http://seoji.nl.go.kr)와 국가자료공동목록시스템(http://www.nl.go.kr/kolisnet)에서 이용하실 수 있습니다.(CIP제어번호 : CIP2016024014)

사자성어 바르게 쓰기

편집부 엮음

매월당
MAEWOLDANG

21세기를 지식정보 사회라고 한다. 실제로 예전에는 유용한 지식과 정보를 얻기 위해서 불철주야로 동분서주해야 겨우 원하는 것을 얻을 수 있었지만 오늘날에는 가만히 집안에 있으면서도 신문이나 방송을 비롯한 언론 매체와 인터넷을 통한 사이버 공간에서 매일같이 홍수처럼 넘쳐나는 지식과 정보를 손쉽게 얻을 수 있게 되었다. 그러나 '풍요 속의 빈곤'이라는 말처럼 오늘날에는 과잉 지식과 정보 때문에 오히려 새로 해결해야 할 문제가 생겼다. 그것은 넘쳐나는 지식과 정보의 진위를 가리고 꼭 필요한 것을 효율적으로 취사선택하며, 이를 체계적으로 요약하여 잘 활용하는 방법을 체득해야 하기 때문이다.

그 방법을 효율적으로 익히기 위한 대안으로, 가장 먼저 사자성어의 학습과 활용을 적극적으로 권하고 싶다. 사자성어는 4자로 된 한자성어를 지칭한다. 그 범위는 4자로 된 고사성어를 포함하여 시대의 변화에 따라 고사성어를 유추한 것과 이와 별도로 새로이 만들어져 널리 사용되는 것을 포괄한다.

4자로 된 고사성어는 수천 년을 두고 우리 선현들이 겪은 다양한 인생 경험과 가치 있는 철학과 처세관 등을 단 몇 자의 단어로 잘 응축해 놓은 것이다. 비유컨대 슈퍼컴퓨터에나 보관할 수 있는 방대한 분량의 데이터를 '고사성어'라는 파일에 간편하게 압축해 둔 것과 같은데, 이 압축 파일을 풀면 언제나 무한정의 유용한 지식과 정보를 수시로 꺼내볼 수 있는 것이다. 또 우리는 이를 바탕으로 현재나 미래에 새롭게 얻게 되는 많은 분량의 지식과 정보를 다시 고사성어 형식으로 재압축하여 상호 간에 신속하게 교류하고 후손에게 전해 줄 수도 있다. 따라서 고사성어는 과거나 현재를 이어주는 징검다리의 역할을 할 뿐만 아니라 미래의 지식정보 사회에서도 가장 이상적인 언어 체계로 무궁무진하게 활용할 수가 있다. 이는 또 '옛 것을 익히고 새로운 것을 배워야 참된 스승이나 지식인이 될 수 있다.'는 '온고지신가이위사溫故知新可以爲師'와 '널리 배우고 상세하게 풀어나가되 이를 잘 요약해야 한다.'는 '박학설약博學說約'의 정신과도 부합되는 것이다.

그리고 고사성어는 반드시 그 역사적인 유래나 사상적인 배경 등을 숙지하고 이를 사용한 전례와 고사를 알아야 이해할 수 있으며, 또한 이 고사성어를 유추한 새로운 성어의 뜻도 이해할 수가 있다. 예컨대 오월동주吳越同舟는《손자병법孫子兵法》의〈구지편九地篇〉에 나오는 이야기로, 그 뜻은 '오나라와 월나라는 원수처럼 미워하는 사이지만 그들이 같은 배를 타고 바다를 나갔다가 풍랑을 만난다면 원수처럼 싸우지 않을 것이며, 오히려 서로 긴밀히 도울 것이다.'라는 것이다. 최근 이를 유추하여 '한일동주韓日同舟'라는 용어가 신문과 방송매체에 간간이 소개되고 있는데, 이 또한 한국과 일본은 서로 원수 같은 사이지만 어려움을 만날 경우에는 협력할 수 있는 사이도 될 수 있다는 것이다.

또 최근에는 수입 농산물이 범람하자 농협 등 농수산 관계기관의 캠페인 용어로 '신토불이身土不二'라는 사자성어가 쓰이는데, 이 또한 먼저 일본에서 유행하여 우리나라로 유입된 성어로 기실 그 연원은 한의학에서 주장하는 '약식동원론藥食同源論(약과 음식은 그 뿌리가 같음)'을 유추하여 새로 만든 용어이다.

최근에는 일부 기업이나 각종 동호회에서 기존의 고사성어가 아닌 새로운 사자성어를 만들어 광고나 기업의 표어로 사용하기도 한다. 예컨대 삼성은 자신들의 기업 표어로 '불광불급不狂不及'이라는 사자성어를 만들어 사원들의 정신교육에 사용했는데, 이는 무슨 일이든 '미치지 않고서는 이룰 수 없다.'는 뜻이다.

그러면 왜 오늘날에도 세인들은 변함없이 사자성어에 관심을 가지고 애용하는 것일까? 그 까닭은 사자성어 속에는 선현들의 역사와 철학 등은 물론이고 삶의 지혜가 숨겨져 있고, 또 자신들의 뜻이나 말을 압축해서 표현하면서도 외우기 쉬운 매력을 지니고 있기 때문이다.

이는 동양에서 가장 오래된 시집으로 알려진 《시경詩經》을 위시하여 초학자初學者들의 필독서인 《천자문千字文》이나 《백가성百家姓》 같은 책 또한 모두 4자의 성어 형식으로 이루어진 것을 보면 알 수 있다. 그러나 네 글자의 한자로 이루어진 용어가 모두 사자성어의 범주에 해당하는 것은 아니다. 즉 '동서남북東西南北'이나 '춘하추동春夏秋冬', '개혁개방改革開放'과 같은 용어나, 의학이나 과학에서 사용하는 '제왕절개帝王切開', '우주개척宇宙開拓' 등 일부 용어는 이미 명사화 되거나 단순한 사자성어로 별도의 소개 없이도 이해할 수 있다.

이 책에는 중·고등학교 국어와 한문 등의 교과서에 수록된 사자성어와, 내신과 수능과 논술 및 각종 취업시험 등에서 자주 출제되고 실생활에서 사용 빈도가 높은 한자성어를 중심으로 엄선해 놓았다.

차 례

한자의 육서

육서六書란 한자를 만든 원리를 말하는데, 한자漢字의 기원이 상형문자象形文字라는 것은 널리 알려진 사실이다.

아주 오랜 고대에 인류는 단순한 언어만으로는 의사소통 및 문화 전수에 한계를 느끼게 되었고, 그런 절실한 필요에 의해 문자를 만들어 쓰기 시작하였다. 그런데 그때의 문자는 눈에 보이는 사물의 모양을 본떠서 만든 상형문자가 전부였던 것이다.

예를 들면 '해'를 표현할 때는 해의 그림을 그려서 표현하였는데, 그런 그림이 점점 변하여 문자가 된 것이다.

그런데 인지人智가 발달하고 사회가 복잡해지면서 점차로 여러 가지 개념들을 표현할 필요가 생기게 되었고, 그에 따라 기존의 한자보다 훨씬 많은 수의 글자가 필요하게 되었다. 때문에 몇 가지 일정한 원리에 따라 한자를 만들어 쓰게 되었는데, 《설문해자說文解字》의 저자인 허신許慎은 한자가 만들어진 원리를 '한자 구성 요소의 결합에 따라 여섯 가지 종류'로 나누었다. 이를 '육서六書'라고 한다. 즉 다시 말하면, 육서란 '한자를 만든 여섯 가지 원리'이다.

상형문자象形文字

사물의 모양을 그대로 본떠서 그려낸 가장 기초적인 글자를 상형문자라고 한다. 그리고 상형문자에 속하는 상당수의 글자들이 한자의 부수部首 역할을 한다.

예 山, 川, 水, 日, 月, 木, 人, 手, 心, 耳, 目, 口, 自, 足. 米, 門, 車

지사문자 指事文字

상징적인 부호를 사용해서 구체적 사물의 모양으로 표현이 안 되는 추상적인 개념들을 표시한 문자를 지사문자라고 한다. 지사문자의 특징은 먼저 추상적인 의미를 표현하는데, 굽고 곧은 선이나 점 등으로 표시하고, 상형문자와 함께 글자의 모양을 더 이상 쪼갤 수 없는 것이 특징이다.

예 一, 二, 三, 五, 七, 十, 上, 中, 下, 本, 末, 刃, 引

회의문자 會意文字

이미 만들어진 둘 이상의 한자를, 뜻에 따라 합하여 하나의 문자로 만들어 다른 뜻을 나타내는 것을 회의문자라 한다.

예 木＋木＝林('나무'들이 합쳐져 '수풀'을 이룸), 森(나무 빽빽할 삼)

日＋月＝明('해'와 '달'이 합쳐져 '밝다'는 뜻이 됨)

田＋力＝男('밭 전'자와 '힘 력'자가 합쳐져 '사내, 남자'의 뜻이 됨), 休(쉴 휴),

臭(냄새 취), 突(갑자기 돌), 取(가질 취) 등.

형성문자 形聲文字

한쪽이 음을 나타내고 다른 한쪽이 뜻을 나타내는 것을 형성문자라 하는데, 한자 중에서 형성문자가 가장 많다.

예 問＝門(음)＋口(뜻), 聞＝門(음)＋耳(뜻)

梅 ＝木(뜻)＋每(음), 海＝水(뜻)＋每(음)

淸＝水(뜻)＋靑(음), 請(청할 청), 晴(갤 청), 鯖(청어 청), 菁(부추꽃 청)

花＝艸(뜻)＋化(음)

勉＝免(음)＋力(뜻)

전주문자轉注文字

'전주'라는 단어에서 보듯이, 전轉(구를 전)이란 수레바퀴가 구르는 것처럼 뜻이 굴러서 다른 뜻으로 변하는 것이고, 주注(물댈 주)란 그릇에 물이 넘쳐흐르듯 다른 뜻으로 옮겨 흐른다는 것을 말한다. 즉 기존 글자의 원뜻이 유추, 확대, 변화되어 새로운 뜻으로 바뀌는 것을 말하는데, 뜻뿐만 아니라 음도 바뀌는 경우가 있다.

뜻만 바뀌는 경우

注[물댈 주] : 주注는 물을 댄다는 뜻이 본뜻이었는데, 그 의미가 확대되어 주목한다는 뜻으로 전의되어 주목注目, 주시注視와 같이 쓰인다. 거기에 또다시 전의되어 주해注解, 주석注釋과 같이 자세히 푼다는 뜻으로 쓰인다.

天[하늘 천] : 천天은 본시 하늘이라는 뜻이었는데 전의되어 자연이라는 뜻으로 쓰인다. 천연天然의 天이 그 예이다. 그런데 이 문자는 또다시 출생出生, 발생發生의 뜻으로 유추되어 쓰이는데 선천先天, 후천後天이 그 예이다.

뜻과 음이 함께 바뀌는 경우

說[말씀 설] : 설說의 본뜻은 말씀이다. 말씀으로써 다른 사람을 달래기 때문에 달랜다는 뜻으로 쓰인다. 이때의 음은 '세'인데 유세遊說가 그 예이다.

樂[풍류 악] : 악樂의 본뜻이 '풍류'로 음은 '악'이다. 음악을 듣는 것은 즐거운 일이기 때문에 즐긴다는 뜻으로도 쓰이는데, 이때의 음은 '락'이다. 또한 즐거운 것은 누구나 좋아하기 때문에 좋아한다는 뜻으로도 쓰인다. 이때의 이름은 '요'이다.

惡[악할 악] : 악惡은 본시 악하다는 뜻으로 음이 '악'이었는데 악한 것은 모두 미워하는 것이기 때문에 미워한다는 뜻으로 쓰이기도 한다. 이때의 음은 '오'이다. 증오憎惡, 오한惡寒이 그 예이다.

가차문자假借文字

    가차는 '가짜로 빌려 쓰다.'라는 뜻 그대로, 기본적으로 발음이 같은 개념을 빌려 쓰거나, 글자 모양을 빌리는 등 외국어의 표기에 사용하고, 의성어나 의태어와 같은 부사어적 표현에도 쓰인다. 즉, 뜻글자[表意文字]로서 발생하는 한계를 극복해 준 개념으로서, 이로 인해 외국과의 문자적 소통이 가능하게 되었는데, 현재 우리의 생활 속에서 사용되는 많은 외래어가 이 가차의 개념을 도입하여 표기하고 있다. 전주와 가차의 활용은 한자의 발전 과정 속에서 매우 큰 역할을 하였는데, 이 원리의 발견으로 인해 한자가 동양에서 가장 확실한 문자文字로서 발전할 수 있었다고 할 수 있을 것이다.

예 달러DOLLAR → 불弗

아시아ASIA → 아세아亞細亞

인디아INDIA → 인도印度

프랑스FRANCE → 법랑서法朗西 → 법국法國 → 불란서佛蘭西

도이칠랜드DOUTCHILAND → 덕국德國 → 독일獨逸

잉글랜드ENGLAND → 영격란국英格蘭國 → 영길리英吉利 → 영국英國

필순의 일반적인 원칙

한자의 필순

한자漢子를 쓸 때의 바른 순서를 필순이라 한다. 한자를 바른 순서에 따라 쓰면 가장 쉬울 뿐만 아니라, 쓴 글자의 모양도 아름답다.

필순의 기본적인 원칙

1. 위에서 아래로 쓴다.

言 (말씀 언) : 言 言 言 言 言 言 言

三 (석 삼) : 二 三 三

客 (손 객) : 客 客 客 客 客 客 客

2. 왼쪽에서 오른쪽으로 쓴다.

川 (내 천) : 川 川 川

仁 (어질 인) : 仁 仁 仁 仁

外 (바깥 외) : 外 外 外 外 外

필순의 여러 가지

1. 가로획과 세로획이 겹칠 때는 가로획을 먼저 쓴다.

　　木 (나무 목) : 一 十 才 木

　　土 (흙 토) : 一 十 土

　　共 (함께 공) : 一 十 井 井 共 共

　　末 (끝 말) : 一 二 丰 耒 末

2. 가로획과 세로획이 겹칠 때 다음의 경우에 한하여 세로획을 먼저 쓴다.

　　田 (밭 전) : 丨 冂 冃 田 田

3. 한가운데 부분은 먼저 쓴다.

　　小 (작을 소) : 亅 小 小

　　山 (뫼 산) : 丨 山 山

　　水 (물 수) : 亅 水 水 水

　　＊예외인 경우 : 火 (불 화) : 火 火 火 火

4. 몸은 먼저 쓴다.

　　안을 에워싸고 있는 바깥 둘레를 '몸' 이라고 하는데, 몸은 안보다 먼저 쓴다.

　　回 (돌아올 회) : 丨 冂 冂 冋 回 回

　　固 (굳을 고) : 丨 冂 冃 円 固 固 固

5. 삐침은 파임보다 먼저 쓴다.

　　人 (사람 인) : 丿 人

　　文 (글월 문) : 丶 亠 文 文

　　父 (아비 부) : 丶 丷 父 父

6. 글자 전체를 꿰뚫는 획은 나중에 쓴다.

中 (가운데 중) : 中 中 中 中

事 (일 사) : 事 事 事 事 事 事 事

女 (계집 녀) : 女 女 女

母 (어미 모) : 母 母 母 母 母

＊예외인 경우 : 世 (세상 세) : 世 世 世 世 世

특히 주의해야 할 필순

1. 삐침은 짧고 가로획은 길게 써야 할 글자는 삐침을 먼저 쓴다.

右 (오른 우) : 右 右 右 右 右

有 (있을 유) : 有 有 有 有 有 有

2. 삐침은 길고 가로획은 짧게 써야 할 글자는 가로획을 먼저 쓴다.

左 (왼 좌) : 左 左 左 左 左

友 (벗 우) : 友 友 友 友

3. 받침을 먼저 쓰는 경우.

起 (일어날 기) : 起 起 起 起 起 起 起

勉 (힘쓸 면) : 勉 勉 勉 勉 勉 勉 勉

4. 받침을 나중에 쓰는 경우.

遠 (멀 원) : 遠 遠 遠 遠 遠 遠 遠

近 (가까울 근) : 近 近 近 近 近 近 近

建 (세울 건) : 建 建 建 建 建 建 建

5. 오른쪽 위의 점은 나중에 찍는다.

犬 (개 견) : 犬 犬 犬 犬

伐 (칠 벌) : 伐 伐 伐 伐 伐 伐

成 (이룰 성) : 成 成 成 成 成 成 成

점·획	이름			예자	점·획	이름			예자
、	꼭지점			字	丶	치킴			凍
、	왼점			小	㇏	파임			八
、	오른점			六	乚	받침			進
、	치킨점			心	亅	지게다리			式
一	가로긋기			王	乚	굽은갈고리			手
丨	내리긋기			川	㇄	새가슴			兄
亅	왼갈고리			水	乙	늠운지게다리			心
乚	오른갈고리			民	乙	새을			乙
ㄱ	평갈고리			疋	㇆	봉날개			風
ㄱ	오른꺾음			日	ㄅ	좌우꺾음			弓
ㄴ	왼꺾음			亡					
ㄱ	꺾음갈고리			力					
ㄱ	꺾어삐침			又					
ノ	삐침			九					

영자 팔법

永

① 점
② 가로획
⑦ 짧은삐침
⑤ 치킴
⑥ 삐침
⑧ 파임
④ 갈고리
③ 세로획

영자 팔법永字八法 : '永' 자 한 자를 쓰는데, 모든 한자에 공통하는 여덟 가지 운필법運筆法이 들어 있음을 말한다.

苛	斂	誅	求
가혹할 **가**	거둘 **렴**	벨 **주**	구할 **구**
苛苛苛苛苛苛苛	斂斂斂斂斂斂斂	誅誅誅誅誅誅誅	求求求求求求求
苛 苛	斂 斂	誅 誅	求 求

세금 같은 것을 가혹하게 받아 국민을 못 살게 구는 일.

苛
斂
誅
求

佳	人	薄	命
아름다울 **가**	사람 **인**	엷을 **박**	목숨 **명**
佳佳佳佳佳佳佳	人人	薄薄薄薄薄薄薄	命命命命命命命
佳 佳	人 人	薄 薄	命 命

여자의 용모가 아름다우면 운명이 기박하다는 말.

佳
人
薄
命

刻	骨	難	忘
새길 **각**	뼈 **골**	어려울 **난**	잊을 **망**
刻刻刻亥亥刻刻	骨骨骨骨骨骨骨	難難難難難難難	忘忘忘忘忘忘忘

은혜를 고맙게 여기는 마음이 뼛속까지 사무처 잊히지 아니함.

甘	言	利	說
달 **감**	말씀 **언**	이로울 **이**	말씀 **설**
甘甘甘甘甘	言言言言言言言	利利利利利利利	說說說說說說說

남의 비위에 들도록 꾸미거나 이로운 조건을 내세워 속이는 말.

甲	論	乙	駁
갑옷 **갑**	논할 **론**	새 **을**	논박할 **박**
甲巾甲甲甲	論論論論論論論	乙	駁駁駁駁駁駁

자기의 주장을 세우고 남의 주장을 반박함.

改	過	遷	善
고칠 **개**	지날 **과**	옮길 **천**	착할 **선**
改改改改改改改	過過過過過過過	遷遷遷遷遷遷遷	善善善善善善善

지나간 허물을 고치고 착하게 됨.

乾	坤	一	擲
하늘 건	땅 곤	한 일	던질 척
乾乾乾乾乾乾乾	坤坤坤坤坤坤坤	一	擲擲擲擲擲擲擲
乾　乾	坤　坤	一　一	擲　擲

흥망 성패를 걸고 단판 싸 움을 함.

乾
坤
一
擲

隔	世	之	感
사이 뜰 격	인간 세	갈 지	느낄 감
隔隔隔隔隔隔隔	世世世世世	之之之	感感感感感感感
隔　隔	世　世	之　之	感　感

딴 세대와 같 이 많은 변화 가 있었음을 비유하는 말.

隔
世
之
感

牽強附會

牽	強	附	會
이끌 견	강할 강	붙을 부	모일 회

牽牽牽牽牽牽牽 | 強強強強強強強 | 附附附附附附附 | 合合合合會會會

이치에 맞지 않는 말을 억지로 끌어 붙여 자기 주장의 조건에 맞도록 함.

牽
強
附
會

見物生心

見	物	生	心
볼 견	물건 물	날 생	마음 심

見見見見見見見 | 物物物物物物物 | 生生生生生 | 心心心心

물건을 보면 욕심이 생김.

見
物
生
心

犬	猿	之	間
개 견	원숭이 원	갈 지	사이 간
一ナ大犬	猿猿猿猿猿猿	之之之	間閂閂門門門間
犬 犬	猿 猿	之 之	間 間

개와 원숭이
사이로 사이가
몹시 나쁨.

犬
猿
之
間

結	草	報	恩
맺을 결	풀 초	갚을 보	은혜 은
結結結結紇結結	草草芍芍苩茁草	報報報報報報	恩口因因因恩恩
結 結	草 草	報 報	恩 恩

죽어 혼령이
되어서라도 은
혜를 잊지 않
고 갚음.

結
草
報
恩

輕舉妄動

輕	舉	妄	動
가벼울 경	들 거	망령될 망	움직일 동

輕輕輕輕輕輕輕　舉舉舉舉舉舉舉　妄妄妄妄妄妄　動動動動動動動

경솔하고 분수에 없는 행동을 함.

輕
舉
妄
動

傾國之色

傾	國	之	色
기울 경	나라 국	갈 지	빛 색

傾傾傾傾傾傾傾　國國國國國國國　之之之　色色色色色色

뛰어나게 아름다운 미인을 일컫는 말.

傾
國
之
色

鷄 卵 有 骨

닭 계	알 란	있을 유	뼈 골

달걀에도 뼈가 있다는 뜻으로 뜻밖의 장애물이 생김을 이르는 말.

鷄鷄鷄鷄鷄鷄鷄　卵卵卵卵卵卵卵　有有有有有有　骨骨骨骨骨骨骨

孤 軍 奮 鬪

외로울 고	군사 군	떨칠 분	싸울 투

남의 도움을 받지 아니하고 힘에 벅찬 일을 잘해 냄.

孤孤孤孤孤孤孤　軍軍軍軍軍軍軍　奮奮奮奮奮奮奮　鬪鬪鬪鬪鬪鬪鬪

苦	盡	甘	來
쓸 고	다할 진	달 감	올 래
苦苦苦苦苦苦苦	盡盡盡盡盡盡盡	甘十廿甘甘	來來來來來來來

괴로움이 다 하면 즐거움 이 옴.

曲	學	阿	世
굽을 곡	배울 학	언덕 아	인간 세
曲巾向向曲曲	學學學學學學學	阿阿阿阿阿阿阿	世世世世世

진리에 벗어난 학문을 닦아 세상 사람들에 게 아부함.

骨	肉	相	殘
뼈 골	고기 육	서로 상	잔인할 잔
骨骨骨骨骨骨骨骨	丨冂内内肉肉	相相相相相相相	殘殘殘殘殘殘殘

같은 혈족끼리 서로 다투고 해하는 것, 골육상쟁骨肉相爭.

骨
肉
相
殘

公	明	正	大
공평할 공	밝을 명	바를 정	클 대
公公公公	明明明明明明明	正正正正正	大大大

마음이 공명하며 조금도 사사로움이 없이 바름.

公
明
正
大

空	中	樓	閣
빌 공	가운데 중	다락 누	집 각
空空空空空空空	中中中中	樓樓樓樓樓樓樓	閣閣閣閣閣閣閣
空 空	中 中	樓 樓	閣 閣

근거 없는 가공의 사물, 진실성과 현실성이 없는 일이나 생각.

空
中
樓
閣

誇	大	妄	想
자랑할 과	클 대	망령될 망	생각 상
誇誇誇誇誇誇誇	大大大	妄妄妄妄妄妄	想想想想想想想
誇 誇	大 大	妄 妄	想 想

턱없이 과장하여 그것을 믿는 망령된 생각.

誇
大
妄
想

過	猶	不	及
지날 **과**	오히려 **유**	아닐 **불**	미칠 **급**
過過過渦渦過過	猶猶猶猶猶猶猶	不不不不	及及及及
過 過	猶 猶	不 不	及 及

정도를 지나침은 미치지 못한 것과 같음, 과여불급過如不及.

過
猶
不
及

管	鮑	之	交
대롱 **관**, 주관할 **관**	절인 물고기 **포**	갈 **지**	사귈 **교**
管管管管管管管	鮑鮑鮑鮑鮑鮑鮑	之之之	交交交交交交
管 管	鮑 鮑	之 之	交 交

옛날 중국의 관중과 포숙처럼 친구 사이의 깊은 우정을 이르는 말.

管
鮑
之
交

刮	目	相	對
긁을 괄	눈 목	서로 상	대할 대
刮刮刮刮刮刮刮	目目目目目	相相相相相相相	對對對對對對對
刮 刮	目 目	相 相	對 對

눈을 비비고 자세히 본다는 뜻으로, 상대 방의 학문이 부쩍 느는 것을 칭찬하는 말.

刮
目
相
對

巧	言	令	色
공교할 교	말씀 언	하여금 영	빛 색
巧巧巧巧巧巧	言言言言言言言	令令令令令	色色色色色色
巧 巧	言 言	令 令	色 色

교묘한 말과 얼굴빛으로 남 의 환심을 사 려함.

巧
言
令
色

交	友	以	信
사귈 교	벗 우	써 이	믿을 신
交交交交交交	友友方友	以以以以以	信信信信信信信

믿음으로써 벗을 사귐.

交
友
以
信

教	學	相	長
가르칠 교	배울 학	서로 상	길 장
教教教教教教教	學學學學學學學	相相相相相相相	長長長長長長長

가르쳐주거나 배우거나 모두 나의 학업을 증진시킨다는 뜻.

教
學
相
長

救	國	干	城
구원할 구	나라 국	방패 간	재 성
救救救救救救救	國國國國國國國	干干干	城城城城城城城

나라를 구하여 지키는 믿음직한 군인이나 인물.

救
國
干
城

群	鷄	一	鶴
무리 군	닭 계	한 일	학 학
群群群群群群群	鷄鷄鷄鷄鷄鷄鷄	一	鶴鶴鶴鶴鶴鶴鶴

평범한 사람 가운데 아주 뛰어난 한 사람.

群
鷄
一
鶴

君	臣	有	義
임금 군	신하 신	있을 유	옳을 의
君君君君君君君	臣臣臣臣臣臣	有有有有有有	義義義義義義義

임금과 신하 사이에는 의리가 있음.

君臣有義

窮	餘	之	策
다할 궁	남을 여	갈 지	꾀 책
窮窮窮窮窮窮窮	餘餘餘餘餘餘餘	之之之	策策策策策策策

막다른 골목에서 그 국면을 타개하려고 생각다 못해 짜낸 꾀.

窮餘之策

031

勸善懲惡

勸	善	懲	惡
권할 **권**	착할 **선**	징계할 **징**	악할 **악**

勸勸勸勸勸勸勸　善善善善善善善　懲懲懲懲懲懲懲　惡惡惡惡惡惡惡

착한 행실을 권장하고 악한 행실을 징계함.

勸
善
懲
惡

捲土重來

捲	土	重	來
거둘 **권**	흙 **토**	무거울 **중**	올 **래**

捲捲捲捲捲捲捲　土土土　重重重重重重重　來來來來來來來

한 번 실패에 굴하지 않고 몇 번이고 다시 일어나 쳐들어감.

捲
土
重
來

克 己 復 禮

이길 극	몸 기	회복할 복	예도 례
一 ナ 古 古 古 克 克	己 己 己	復 復 復 復 復 復 復	于 禾 和 祁 禮 禮 禮

자기의 욕심을 누르고 예의범절을 따름.

克
己
復
禮

錦 上 添 花

비단 금	윗 상	더할 첨	꽃 화
錦 錦 錦 錦 錦 錦 錦	上 上 上	添 添 沃 沃 添 添 添	花 花 花 花 花 花 花

좋고 아름다운 것 위에 더 좋은 것을 더함.
↔ 설상가상雪上加霜.

錦
上
添
花

今	時	初	聞
이제 금	때 시	처음 초	들을 문
今今今今	時時時時時時時	初初初初初初初	聞門門門門閏聞
今 今	時 時	初 初	聞 聞

이제야 비로소 처음 들음.

今 時 初 聞

金	枝	玉	葉
쇠 금	가지 지	구슬 옥	잎 엽
金金金全全金金	枝枝枝枝枝枝枝	玉玉玉玉玉	葉葉葉葉葉華葉
金 金	枝 枝	玉 玉	葉 葉

임금의 자손이 나 집안의 귀여 운 자손을 소중 히 일컫는 말.

金 枝 玉 葉

氣	高	萬	丈
기운 기	높을 고	일만 만	어른 장
气气气气气氣氣	高高高高高高高	萬萬萬萬萬萬萬	丈ナ丈
氣 氣	高 高	萬 萬	丈 丈

일이 뜻대로 되어 씩씩한 기운이 대단하게 뻗침.

氣
高
萬
丈

起	死	回	生
일어날 기	죽을 사	돌아올 회	날 생
起起起起走起起	死死死死死死	1冂冂回回回	生生生生生
起 起	死 死	回 回	生 生

다 죽게 되었다가 다시 살아남.

起
死
回
生

奇	想	天	外
기특할 기	생각 상	하늘 천	바깥 외
奇奇奇奇奇奇奇	想想想想想想想	天天天天	外外外外外
奇 奇	想 想	天 天	外 外

보통 사람이 쉽게 짐작할 수 없을 정도로 엉뚱하고 기발한 생각.

奇
想
天
外

落	落	長	松
떨어질 낙	떨어질 락	길 장	소나무 송
落落落落落落落	落落落落落落落	長長長長長長長	松松松松松松松
落 落	落 落	長 長	松 松

가지가 축 늘어진 큰 소나무.

落
落
長
松

難	兄	難	弟
어려울 **난**	형 **형**	어려울 **난**	아우 **제**
難難難難難難	兄兄兄兄兄	難難難難難難	弟弟弟弟弟弟弟
難 難	兄 兄	難 難	弟 弟

어느 것이 낫고 어느 것이 못하다고 할 수 없음, 막상막하 莫上莫下.

난
형
난
제

内	柔	外	剛
안 **내**	부드러울 **유**	바깥 **외**	굳셀 **강**
内內内内	柔柔柔柔柔柔柔	外外夕外外	剛剛剛剛剛剛剛
内 内	柔 柔	外 外	剛 剛

겉으로 보기에는 강하게 보이지만 속은 부드러움.

내
유
외
강

怒	氣	沖	天
성낼 노	기운 기	찌를 충	하늘 천
怒怒怒怒怒怒怒	氣氣气氣气氣氣	沖沖沖沖沖沖沖	天天天天
怒 怒	氣 氣	沖 沖	天 天

성난 기색이 하늘을 찌를 듯이 극에 달함.

勞	心	焦	思
일할 노	마음 심	탈 초	생각 사
勞勞勞勞勞勞勞	心心心心	焦焦焦焦焦焦焦	思思思思思思思
勞 勞	心 心	焦 焦	思 思

몹시 마음을 졸이는 것.

綠	陰	芳	草
푸를 녹	그늘 음	꽃다울 방	풀 초
綠綠綠綠綵綵綠	陰陰陰陰陰陰陰	芳芳芳芳芳芳芳	草草芭草草草草

우거진 나무 그늘과 아름답게 우거진 풀, 여름철의 자연 경치를 가리키는 말.

綠
陰
芳
草

累	卵	之	危
여러 누	알 란	갈 지	위태할 위
累累累累累累累	卵卵卵卵卵卵卵	之之之	危危危危危危

달걀을 쌓아 놓은 것과 같이 매우 위태함.

累
卵
之
危

多	多	益	善
많을 다	많을 다	더할 익	착할 선
多多多多多多	多多多多多多	八合合合谷益益	善善善善善善善

많으면 많을수록 좋음.

單	刀	直	入
홑 단	칼 도	곧을 직	들 입
單單單單單單單	刀刀	直直直直直直直	八入

혼자 칼을 휘두르며 적진으로 쳐들어감, 요점으로 바로 들어감.

簞	瓢	陋	巷
소쿠리 **단**	바가지 **표**	더러울 **누**	거리 **항**
簞簞簞簞簞簞簞	亠丙丙票票瓢瓢	阝阝阿阿阿阿陋陋	夫夫巷巷共共巷

도시락과 표주박과 누추한 마을이라는 뜻으로, 소박한 시골 살림을 비유한 말.

大	器	晚	成
클 **대**	그릇 **기**	늦을 **만**	이룰 **성**
一大大	器器哭哭器器	晚晚晚晚晚晚晚	成成成成成成成

크게 될 인물은 늦게 이루어진다는 뜻.

大	書	特	筆
클 대	글 서	특별할 특	붓 필
大大大	書書書書書書書	特特特特特特特	筆筆筆筆筆筆筆
大 大	書 書	特 特	筆 筆

특히 드러나게 큰 글자로 적어 표시함.

大
書
特
筆

塗	炭	之	苦
칠할 도	숯 탄	갈 지	쓸 고
塗塗塗塗塗塗塗	炭炭炭炭炭炭炭	之之之	苦苦苦苦苦苦苦
塗 塗	炭 炭	之 之	苦 苦

진구렁이나 숯불에 빠짐, 백성들이 몹시 고생스러움을 말함.

塗
炭
之
苦

獨	不	將	軍
홀로 독	아닐 불	장수 장	군사 군
獨獨獨獨獨獨獨	不不不不	將將將將將將將將	軍軍軍軍軍軍軍軍
獨 獨	不 不	將 將	軍 軍

남의 의견을 묵살하고 저 혼자 일을 처리해 나가는 사람.

獨
不
將
軍

讀	書	三	昧
읽을 독	글 서	석 삼	어두울 매
讀讀讀讀讀讀讀	書書書書書書書	三三三	昧昧昧昧昧昧昧
讀 讀	書 書	三 三	昧 昧

딴 생각은 하지 않고 오직 책을 읽는 데에만 골몰한 경지.

讀
書
三
昧

東	問	西	答
동녘 동	물을 문	서녘 서	대답 답
東東東東東東東	問問問問問問問	西西丏西西西	答答答答答答答
東 東	問 問	西 西	答 答

묻는 말에 대하여 전혀 엉뚱한 대답을 하는 것.

東
問
西
答

同	病	相	憐
한가지 동	병 병	서로 상	불쌍히 여길 련
同冂冂同同同	病病疒病病病病	相相相相相相相	憐憐憐憐憐憐憐
同 同	病 病	相 相	憐 憐

같은 처지에 있는 사람끼리 서로 동정함.

同
病
相
憐

同	床	異	夢
한가지 동	평상 상	다를 이	꿈 몽
同门门同同同	床床床庐床床床	異異異異異畏異	夢夢夢夢薨夢夢

같은 잠자리에서 다른 꿈을 꿈, 겉으로는 같이 행동하면서 속으로는 딴 생각을 가짐.

同
床
異
夢

杜	門	不	出
막을 두	문 문	아닐 불	날 출
杜杜杜杜杜杜杜	門門門門門門門	不不不不	山出出出出

세상과 인연을 끊고 출입을 하지 않음.

杜
門
不
出

得	意	滿	面
얻을 득	뜻 의	찰 만	낯 면
得得得得得得得	意意意意意意意	滿滿滿滿滿滿滿	面面面面面面面
得 得	意 意	滿 滿	面 面

뜻한 바를 이루어 기쁜 표정이 얼굴에 가득함.

得
意
滿
面

燈	火	可	親
등 등	불 화	옳을 가	친할 친
燈燈燈燈燈燈燈	火火火火	可可可可可	親親親親親親親
燈 燈	火 火	可 可	親 親

서늘한 가을밤은 등불을 가까이 하여 글 읽기에 좋음을 이르는 말.

燈
火
可
親

馬	耳	東	風
말 마	귀 이	동녘 동	바람 풍

동풍이 말의 귀를 스쳐 간다는 뜻으로, 남의 말을 귀담아듣지 아니하고 지나쳐 흘려버림.

馬馬馬馬馬馬馬　ㅌㅌㅌㅌ耳耳　東東東東東東東　風凡凡風風風風

馬馬　耳耳　東東　風風

馬
耳
東
風

莫	逆	之	友
없을 막	거스릴 역	갈 지	벗 우

참된 마음으로 서로 거역할 수 없이 매우 친한 벗을 말함.

莫莫莫莫莫莫莫　逆逆芹芹弟逆逆　之之之　友ナ方友

莫莫　逆逆　之之　友友

莫
逆
之
友

萬事亨通

일이 순탄하게
진행됨.

일만 만	일 사	형통할 형	통할 통
萬萬萬萬萬萬萬	事事事事事事事	亨亨亨亨亨亨亨	通通通通通通通

萬 萬 事 事 亨 亨 通 通

萬
事
亨
通

滿山紅葉

온 산이 단풍으
로 붉게 물듦.

찰 만	메 산	붉을 홍	잎 엽
滿滿滿滿滿滿滿	山山山	紅紅紅紅紅紅	葉葉葉葉葉葉葉

滿 滿 山 山 紅 紅 葉 葉

滿
山
紅
葉

晚	秋	佳	景
늦을 만	가을 추	아름다울 가	볕 경
晚晚晚晚晚晚晚	秋秋秋秋秋秋秋	佳佳佳佳佳佳佳	景景景景景景景

늦가을의 아름다운 경치.

茫	然	自	失
아득할 망	그럴 연	스스로 자	잃을 실
茫茫茫茫茫茫茫	然然然然然然然	自自自自自自	失失失失失

넋이 나간 듯이 멍함.

孟	母	三	遷
맏 맹	어머니 모	석 삼	옮길 천
孟孟孟孟孟孟孟	乂乄母母母	二三三	遷遷遷要要遷遷
孟 孟	母 母	三 三	遷 遷

맹자 어머니가 자식 교육을 위해 세 번 이사 했다는 말로 교육과 환경의 중요성을 말함.

孟
母
三
遷

滅	私	奉	公
멸할 멸	사사 사	받들 봉	공평할 공
滅滅滅滅滅滅滅	私私私私私私私	奉奉奉奉奉奉奉	公公公公
滅 滅	私 私	奉 奉	公 公

사사로움을 버리고 공공을 위하여 힘써 일함.

滅
私
奉
公

明	鏡	止	水
밝을 **명**	거울 **경**	그칠 **지**	물 **수**
明 明 明 明 明 明 明	鏡 鏡 鏡 鏡 鏡 鏡	丨 卜 止 止	水 水 水 水
明 明	鏡 鏡	止 止	水 水

맑은 거울과 깨끗한 물, 잡념과 가식과 헛된 욕심 없이 맑고 깨끗한 마음을 뜻함.

明
鏡
止
水

名	不	虛	傳
이름 **명**	아닐 **불**	빌 **허**	전할 **전**
名 久 夕 名 名 名	不 不 不 不	虛 广 虍 虍 虛 虛	傳 俥 俥 傳 傳 傳 傳
名 名	不 不	虛 虛	傳 傳

명예가 널리 퍼짐은 그만한 실상이 있어 퍼진다는 뜻.

名
不
虛
傳

明	若	觀	火
밝을 **명**	같을 **약**	볼 **관**	불 **화**
明明明明明明明	若若若若若若若	觀觀觀觀觀觀觀	火火火火
明 明	若 若	觀 觀	火 火

불을 보는 듯이 환하게 분명히 알 수 있음, 불문가지 不問可知.

明
若
觀
火

名	實	相	符
이름 **명**	열매 **실**	서로 **상**	부호 **부**
名名名名名名	實實實實實實實	相相相相相相相	符符符符符符符
名 名	實 實	相 相	符 符

이름과 실상이 서로 들어맞음.

名
實
相
符

目	不	忍	見
눈 목	아닐 불	참을 인	볼 견
日 冂 円 月 目	不 不 不 不	忍 忍 忍 忍 忍 忍 忍	日 冂 円 月 月 見 見

눈 뜨고는 차마
볼 수 없는 참
상이나 꼴불견.

目
不
忍
見

無	念	無	想
없을 무	생각 념	없을 무	생각 상
無 無 無 無 無 無 無	念 念 念 念 念 念 念	無 無 無 無 無 無 無	想 想 想 想 想 想 想

아무 잡념 없이
자기를 잊음.

無
念
無
想

武陵桃源

호반 무	언덕 릉	복숭아 도	근원 원
武武武武武武武	陵陵陵陵陵陵陵	桃桃桃桃桃桃桃	源源源源源源源
武 武	陵 陵	桃 桃	源 源

신선이 살았다는 전설적인 중국의 명승지를 일컫는 말로 곧 속세를 떠난 별천지.

武
陵
桃
源

文房四友

글월 문	방 방	넉 사	벗 우
文文文文	房房房房房房房	四四四四四	友友友友
文 文	房 房	四 四	友 友

서재에 꼭 있어야 할 네 벗, 즉 종이, 붓, 벼루, 먹을 말함.

文
房
四
友

美	辭	麗	句
아름다울 **미**	말씀 **사**	고울 **여**	글귀 **구**
美美美美美美美	辭辭辭辭辭辭辭	麗麗麗麗麗麗麗	勹勹勹勹句

아름다운 말과
고운 글귀.

美	辭	麗	句

美	風	良	俗
아름다울 **미**	바람 **풍**	어질 **양**	풍속 **속**
美美美美美美美	風几凡風風風風	良良良良良良	俗俗俗俗俗俗俗

아름답고 좋은
풍속.

美	風	良	俗

拍	掌	大	笑
칠 박	손바닥 장	클 대	웃음 소
拍拍拍拍拍拍拍	掌掌掌掌掌掌掌	大大大	笑笑笑笑笑笑笑

손바닥을 치면서 크게 웃음.

反	哺	之	孝
돌이킬 반	먹일 포	갈 지	효도 효
反反反反	哺哺哺哺哺哺哺	之之之	孝孝孝孝孝孝孝

자식이 자라서 부모를 봉양함.

拔	本	塞	源
뽑을 **발**	근본 **본**	막힐 **색**	근원 **원**
拔拔拔扙拔拔拔	木十才木本	塞塞塞塞寒塞塞	源沪沪沪沪源源

폐단의 근원을 찾아서 아주 뽑아 없애버린 다는 뜻.

拔
本
塞
源

背	恩	忘	德
배반할 **배**	은혜 **은**	잊을 **망**	큰 **덕**
背背背背背背背	恩冂因因恩恩恩	忘忘忘忘忘忘忘	德衍德德德德德

은혜를 잊고 도 리어 배반함.

背
恩
忘
德

百	年	大	計
일백 **백**	해 **년**	클 **대**	셀 **계**
百百百百百百	年年年年年年	大大大	計計計計計計計
百 百	年 年	大 大	計 計

먼 뒷날까지 걸친 원대한 계획.

百
年
大
計

白	衣	從	軍
흰 **백**	옷 **의**	좇을 **종**	군사 **군**
白白白白白	衣衣衣衣衣衣	從從從從從從從	軍軍軍軍軍軍軍
白 白	衣 衣	從 從	軍 軍

벼슬하지 않고 전쟁에 종군함.

白
衣
從
軍

輔	國	安	民
도울 보	나라 국	편안 안	백성 민
輔輔輔輔輔輔輔	冂冋冋冋國國國國	安安安宀安安	尸尸尸尼民

나라를 도와 백성을 편하게 함.

父	傳	子	傳
아버지 부	전할 전	아들 자	전할 전
父父父父	亻伊伊傳傳傳傳	孑孒子	傳伊伊傳傳傳傳

아버지의 것이 아들에게 전해짐.

不	知	其	數
아닐 부	알 지	그 기	셈 수
不不不不	知知知知知知知	其其其其其其其	數數數數數數數

너무 많아서 그 수효를 알 수가 없음.

不
知
其
數

夫	唱	婦	隨
지아비 부	부를 창	며느리 부	따를 수
夫夫夫夫	唱唱唱唱唱唱唱	婦婦婦婦婦婦婦	隨隨隨隨隨隨隨

남편이 창을 하면 아내도 따라서 하는 것, 부부 화합 의 도리.

夫
唱
婦
隨

附	和	雷	同
붙을 **부**	화할 **화**	우레 **뇌**	한가지 **동**
附附附附附附附	和和和和和和	雷雷雷雷雷雷雷	同月月同同同
附 附	和 和	雷 雷	同 同

자기 생각이 없이 남이 하는 대로 그저 무턱대고 따라함.

附
和
雷
同

北	風	寒	雪
북녘 **북**	바람 **풍**	찰 **한**	눈 **설**
北北北北北	風凡凡風風風風	寒寒寒寒寒寒寒	雪雪雪雪雪雪雪
北 北	風 風	寒 寒	雪 雪

몹시 차고 추운 겨울바람과 눈.

北
風
寒
雪

粉	骨	碎	身
가루 분	뼈 골	부술 쇄	몸 신
粉粉粉粉粉粉	骨骨骨骨骨骨骨	碎碎碎碎碎碎碎	身身身身身身
粉 粉	骨 骨	碎 碎	身 身

목숨을 걸고 최선을 다함.

粉
骨
碎
身

焚	書	坑	儒
불사를 분	글 서	구덩이 갱	선비 유
焚焚焚焚焚焚焚	書書書書書書書	坑坑坑坑坑坑坑	儒儒儒儒儒儒
焚 焚	書 書	坑 坑	儒 儒

학자의 정치 비평을 금하고 자 책을 불사르고, 유생들을 생매장함.

焚
書
坑
儒

不	可	思	議
아닐 불	옳을 가	생각 사	의논할 의
不不不不	可可可可可	思思思思思思思	議議議議議議議

사람의 생각으로는 미루어 알 수 없는 이상야릇함.

不
可
思
議

朋	友	有	信
벗 붕	벗 우	있을 유	믿을 신
朋朋朋朋朋朋朋	友大方友	有才有有有有	信仁仁信信信信

벗과 벗은 믿음이 있어야 함.

朋
友
有
信

063

非	夢	似	夢
아닐 비	꿈 몽	닮을 사	꿈 몽
非非非非非非非	夢夢夢夢夢夢夢	似似似似似似似	夢夢夢夢夢夢夢

꿈인지 생시인지 어렴풋한 상태.

悲	憤	慷	慨
슬플 비	분할 분	슬플 강	슬퍼할 개
悲悲悲悲悲悲悲	憤憤憤憤憤憤憤	慷慷慷慷慷慷慷	慨慨慨慨慨慨慨

슬프고 분한 느낌이 마음속에 가득 차 있음.

四	面	楚	歌
넉 사	낯 면	초나라 초	노래 가
丨冂冂四四	丙丙丙丙丙丙面	楚楚楚楚楚楚楚	歌歌歌歌歌歌歌

한 사람도 도우려는 자가 없이 고립되어 곤경에 처해 있음.

砂	上	樓	閣
모래 사	윗 상	다락 누	집 각
砂砂砂砂砂砂砂	上上上	樓樓樓樓樓樓樓	閣閣門門閣閣閣

모래 위에 지은 집, 곧 헛된 것을 비유하는 말.

辭	讓	之	心
말씀 사	사양할 양	갈 지	마음 심
辭辭辭辭辭辭辭	讓讓讓讓讓讓讓	之之之	心心心心
辭 辭	讓 讓	之 之	心 心

사양하거나 남에게 양보할 줄 아는 마음, 사단四端의 하나임.

辭
讓
之
心

事	必	歸	正
일 사	반드시 필	돌아갈 귀	바를 정
事事事事事事事	必必必必必	歸歸歸歸歸歸歸	正正正正正
事 事	必 必	歸 歸	正 正

무슨 일이든지 결국은 옳은 대로 돌아간다는 뜻.

事
必
歸
正

山	戰	水	戰
메 산	싸움 전	물 수	싸움 전
山山山	戰豐單戰戰戰戰	水水水水	戰豐單戰戰戰戰
山	山	戰	戰	水	水	戰	戰

산과 물에서의 전투를 다 겪음, 세상일에 경험이 많음.

山
戰
水
戰

山	海	珍	味
메 산	바다 해	보배 진	맛 미
山山山	海海海海海海海	珍珍珍珍珍珍珍	味味味味味味味
山	山	海	海	珍	珍	味	味

산과 바다의 산물産物을 다 갖추어 썩 잘 차린 귀한 음식.

山
海
珍
味

殺	身	成	人
죽일 살	몸 신	이룰 성	사람 인
殺殺殺殺殺殺殺	身身身身身身	成成成成成成成	人人
殺 殺	身 身	成 成	人 人

절개를 지켜 목숨을 버림.

殺
身
成
人

森	羅	萬	象
수풀 삼	벌일 라	일만 만	코끼리 상
森森森森森森	羅羅羅羅羅羅羅	萬萬萬萬萬萬萬	象象象象象象象
森 森	羅 羅	萬 萬	象 象

우주 사이에 존재하는 온갖 사물과 현상.

森
羅
萬
象

桑	田	碧	海
뽕나무 상	밭 전	푸를 벽	바다 해
桑桑桑桑桑桑桑	田口曰田田	碧碧碧碧碧碧碧	海海海海海海海

뽕나무밭이 변하여 바다가 된다는 뜻으로, 세상일의 변천이 심하여 사물이 바뀜.

桑
田
碧
海

塞	翁	之	馬
변방 새, 막힐 색	늙은이 옹	갈 지	말 마
塞塞塞塞塞塞塞	翁翁翁翁翁翁翁	之之之	馬馬馬馬馬馬馬

세상일은 복이 될지 화가 될지 예측할 수 없다는 말.

塞
翁
之
馬

先	見	之	明
먼저 선	볼 견	갈 지	밝을 명
先先先先先先	見見見見見見見	之之之	明明明明明明明

앞일을 미리 보아서 판단하는 총명.

先
見
之
明

善	男	善	女
착할 선	사내 남	착할 선	여자 녀
善善善善善善善	男男男男男男男	善善善善善善善	女女女

착한 남자와 착한 여자.

善
男
善
女

雪	上	加	霜
눈 설	윗 상	더할 가	서리 상
雪雪雪雪雪雪雪	上上上	丁力加加加	霜霜霜霜霜霜霜
雪 雪	上 上	加 加	霜 霜

눈 위에 또 서리가 내린다는 뜻으로, 불행이 엎친 데 덮친 격.

雪
上
加
霜

說	往	說	來
말씀 설	갈 왕	말씀 설	올 래
說說說說說說說	往往往往往往往	說說說說說說說	來來來來來來來
說 說	往 往	說 說	來 來

서로 변론辯論을 주고받으며 옥신각신함.

說
往
說
來

纖	纖	玉	手	가냘프고 고운 여자의 손.
가늘 섬	가늘 섬	구슬 옥	손 수	
纖纖纖纖纖纖纖	纖纖纖纖纖纖纖	玉玉玉玉玉	手手手手	

束	手	無	策	어찌 할 바 없이 꼼짝 못함.
묶을 속	손 수	없을 무	꾀 책	
束束束束束束束	手手手手	無無無無無無無	策策策策策策策	

送	舊	迎	新
보낼 **송**	옛 **구**	맞을 **영**	새 **신**
送 送 送 쏠 쏫 쏫 送	芦 芍 舊 蓎 舊 舊 舊	迎 仢 白 卬 迎 迎 迎	亲 辛 新 新 新 新 新
送 送	舊 舊	迎 迎	新 新

묵은해를 보내고 새해를 맞음.

送
舊
迎
新

袖	手	傍	觀
소매 **수**	손 **수**	곁 **방**	볼 **관**
袖 袖 袖 袖 袖 袖 袖	千 チ 三 手	仿 仿 傍 傍 傍 傍 傍	苜 莧 莧 觀 莧 觀 觀
袖 袖	手 手	傍 傍	觀 觀

팔짱을 끼고 봄, 어떤 일을 당하여 옆에서 보고만 있는 것.

袖
手
傍
觀

修	身	齊	家
닦을 수	몸 신	가지런할 제	집 가
修修修修修修修	身身身身身身身	齊齊齊齊齊齊齊	家家家家家家家

행실을 닦고 집안을 바로 잡음.

修身齊家

羞	惡	之	心
부끄러울 수	미워할 오	갈 지	마음 심
羞羞羞羞羞羞	惡惡惡惡惡惡惡	之之之	心心心心

불의를 부끄러워하고 착하지 못함을 미워할 줄 아는 마음.

羞惡之心

脣	亡	齒	寒
입술 순	망할 망	이 치	찰 한
脣脣脣脣辰脣脣	亡亡亡	齒齒齒齒齒齒齒	寒寒寒寒寒寒寒

입술이 없으면 이가 시리다는 말로, 자기가 의지하던 사람이 없으면 다른 한쪽도 위험하다는 뜻.

脣
亡
齒
寒

乘	勝	長	驅
탈 승	이길 승	길 장	몰 구
乘乘乘乘乘乘乘	月肝肝肚胖勝勝	長長長長長長長	馬馬馬馬驅驅驅

싸움에서 이긴 기세를 타고 계속 적을 몰 아침.

乘
勝
長
驅

075

時	時	刻	刻
때 시	때 시	새길 각	새길 각
時 時 時 時 時 時 時	時 時 時 時 時 時 時	刻 刻 刻 刻 刻 刻 刻	刻 刻 刻 刻 刻 刻 刻
時	時	時	時	刻	刻	刻	刻

시간이 흐름에
따라 시각마다.

時
時
刻
刻

是	是	非	非
옳을 시	옳을 시	아닐 비	아닐 비
是 是 是 是 是 是 是	是 是 是 是 是 是 是	非 非 非 非 非 非 非	非 非 非 非 非 非 非
是	是	是	是	非	非	非	非

옳고 그름을
가리어 밝힘.

是
是
非
非

識	字	憂	患
알 식	글자 자	근심 우	근심 환
識試識識識識識	字字字字字字	憂頁頁夏憂憂憂	思昌患患患患患

아는 것이 탈이라는 말로 학식이 있는 것이 도리어 근심을 사게 됨을 말함.

新	出	鬼	沒
새 신	날 출	귀신 귀	빠질 몰
新辛新新新新新	出出出出出	鬼鬼鬼鬼鬼鬼鬼	沒沒沒沒沒沒沒

귀신과 같이 홀연히 나타났다가 홀연히 사라짐.

實事求是

사실을 토대로 하여 진리를 구함.

열매 실	일 사	구할 구	이 시
實實實實實實實	事事事事事事事	求才求求求求求	是是是是是是是
實 實	事 事	求 求	是 是

實
事
求
是

心機一轉

어떠한 계기로 이제까지의 먹었던 마음을 바꿈.

마음 심	틀 기	한 일	구를 전
心心心心	機機機機機機機	一	轉轉轉轉轉轉轉
心 心	機 機	一 一	轉 轉

心
機
一
轉

深	思	塾	考
깊을 심	생각 사	글방 숙	생각할 고
深深深深深深深	思思思思思思思	塾塾塾塾塾塾塾	考考考考考考
深 深	思 思	塾 塾	考 考

깊이 생각하고 곧 신중을 기하여 곰곰이 생각함.

深
思
塾
考

十	匙	一	飯
열 십	숟가락 시	한 일	밥 반
十十	匙匙匙匙匙匙匙	一	飯飯飯飯飯飯飯
十 十	匙 匙	一 一	飯 飯

열 사람이 한 술씩 보태면 한 사람 먹을 분량이 됨, 여러 사람이 힘을 합하면 한 사람을 돕기는 쉽다는 말.

十
匙
一
飯

阿	鼻	叫	喚
언덕 아	코 비	부르짖을 규	부를 환
阿阿阿阿阿阿阿	鼻鼻鼻鼻鼻鼻鼻	叫叫叫叫叫	喚喚喚喚喚喚喚

지옥 같은 고통에 못 견디어 구원을 부르짖는 소리.

我	田	引	水
나 아	밭 전	끌 인	물 수
我我我我我我我	田口口田田	引引引引引	水水水水

제 논에 물대기, 자기에게 유리하도록 행동하는 것.

惡	戰	苦	鬪
악할 **악**	싸움 **전**	쓸 **고**	싸울 **투**
惡惡惡惡惡惡惡	戰戰戰戰戰戰戰	苦苦苦苦苦苦苦	鬪鬪鬪鬪鬪鬪鬪

죽을힘을 다하여 몹시 싸움.

惡
戰
苦
鬪

顔	面	不	知
낯 **안**	낯 **면**	아닐 **부**	알 **지**
顔顔顔顔顔顔顔	面面面面面面面	不不不不	知知知知知知知

만난 일이 없어 얼굴을 모름, 또는 모르는 사람.

顔
面
不
知

安	分	知	足
편안 **안**	나눌 **분**	알 **지**	발 **족**
安安安安安安	分分分分	知知知知知知知	足足足足足足足
安 安	分 分	知 知	足 足

편한 마음으로 제 분수를 지키며 만족을 앎, 안빈낙도 安貧樂道.

安 分 知 足

曖	昧	模	糊
희미할 **애**	어두울 **매**	모호할 **모**	풀칠할 **호**
曖曖曖曖曖曖曖	昧昧昧昧昧昧昧	模模模模模模模	糊糊糊糊糊糊糊
曖 曖	昧 昧	模 模	糊 糊

사물의 이치가 희미하고 분명치 않음.

曖 昧 模 糊

愛	之	重	之
사랑 애	갈 지	무거울 중	갈 지
愛愛愛愛愛愛愛	之之之	重而而面面重重	之之之

매우 사랑하고 귀중히 여김.

藥	房	甘	草
약 약	방 방	달 감	풀 초
藥藥藥藥藥藥藥	房房房房房房房	甘甘甘甘甘	草草苩苩苩草草

무슨 일이나 빠짐없이 끼임, 반드시 끼어야 할 사물.

弱	肉	强	食
약할 **약**	고기 **육**	강할 **강**	밥 **식**
弱弱弱弱弱弱弱	肉门内内肉肉	强强强强强强强	仝食食食食食食食
弱 弱	肉 肉	强 强	食 食

약한 자는 강한 자에게 먹힘.

弱
肉
强
食

梁	上	君	子
들보 **양**	윗 **상**	임금 **군**	아들 **자**
梁梁梁梁梁梁梁	上上上	君君君君君君君	子子子
梁 梁	上 上	君 君	子 子

들보 위의 군 자라는 뜻으로 도둑을 미화한 말.

梁
上
君
子

語	不	成	說
말씀 어	아닐 불	이룰 성	말씀 설
語語語語語語語	不不不不	成成反反成成成	說說說說說說說

말이 이치에
맞지 않음.

語	不
成	
說	

言	中	有	骨
말씀 언	가운데 중	있을 유	뼈 골
言言言言言言言	中中中中	有有有有有有	骨骨骨骨骨骨骨

예사로운 말
속에 깊은 뜻
이 있는 것을
말함.

言	中
有	
骨	

嚴	冬	雪	寒
엄할 **엄**	겨울 **동**	눈 **설**	찰 **한**
嚴嚴嚴嚴嚴嚴嚴	冬冬冬冬冬	雪雪雪雪雪雪雪	寒寒寒寒寒寒寒
嚴 嚴	冬 冬	雪 雪	寒 寒

눈이 오는 몹시 추운 겨울.

嚴
冬
雪
寒

五	里	霧	中
다섯 **오**	마을 **리**, 속 **리**	안개 **무**	가운데 **중**
五五五五五	里里里里里里里	霧霧霧霧霧霧霧	中中中中
五 五	里 里	霧 霧	中 中

5리나 되는 안개 속과 같이 희미하고 애매하여 길을 찾기 어려움의 비유.

五
里
霧
中

寤	寐	不	忘
잠 깰 **오**	잘 **매**	아닐 **불**	잊을 **망**
寤寤寤寐寐寤寤	寐寐寐寐寐寐寐	不不不不	忘忘忘忘忘忘忘

밤낮으로 자나 깨나 잊지 못함.

寤
寐
不
忘

烏	飛	梨	落
까마귀 **오**	날 **비**	배나무 **이**	떨어질 **락**
烏烏烏烏烏烏烏	飛飛飛飛飛飛飛	梨梨梨梨梨梨梨	落落莎茨茨落落

까마귀 날자 배 떨어진다는 뜻으로, 우연 의 일치로 남 의 의심을 받 는 것.

烏
飛
梨
落

臥	薪	嘗	膽
누울 와	섶 신	맛볼 상	쓸개 담
臥臥臥臥臥臥臥	薪薪薪薪薪薪薪	嘗嘗嘗嘗嘗嘗嘗	膽膽膽膽膽膽膽

섶에 누워 쓸개를 씹는다는 뜻으로, 원수를 갚고자 고생을 참고 견딤.

臥
薪
嘗
膽

窈	窕	淑	女
고요할 요	으늑할 조	맑을 숙	여자 녀
窈窈窈窈窈窈窈	窕窕窕窕窕窕窕	淑淑淑淑淑淑淑	乀女女

마음씨가 얌전하고 자태가 아름다운 여자.

窈
窕
淑
女

搖	之	不	動
흔들 요	갈 지	아닐 부	움직일 동
搖搖搖搖搖搖搖	之之之	不不不不	動動動動動動動

흔들어도 꼼짝 않음.

龍	頭	蛇	尾
용 용	머리 두	긴뱀 사	꼬리 미
蛇龍龍龍龍龍龍	頭頭頭頭頭頭頭	蛇蛇蛇蛇蛇蛇蛇	尾尾尾尾尾尾尾

시작은 굉장하고 훌륭하나 끝이 흐지부지하고 좋지 않음.

用	意	周	到
쓸 용	뜻 의	두루 주	이를 도
用用月月用	意意意意意意意	月月月周周周周	到到到到到到到
用 用	意 意	周 周	到 到

마음의 준비가 두루 미쳐 빈 틈이 없음.

用
意
周
到

愚	問	賢	答
어리석을 우	물을 문	어질 현	대답 답
愚愚愚愚愚愚愚	問問問問問問問	賢賢賢賢賢賢賢	答答答答答答答
愚 愚	問 問	賢 賢	答 答

어리석은 질문에 현명한 대답.

愚
問
賢
答

右	往	左	往
오른쪽 우	갈 왕	왼 좌	갈 왕
右方右右右	往往往往往往	左左左左左	往往往往往往
右 右	往 往	左 左	往 往

방향을 정하지 못하고 오락가락함.

右
往
左
往

優	柔	不	斷
넉넉할 우	부드러울 유	아닐 부	끊을 단
優優優優優優優	柔柔柔柔柔柔柔	不不不不	斷斷斷斷斷斷斷
優 優	柔 柔	不 不	斷 斷

어물어물하기 만 하고 딱 잘 라 결단을 내 리지 못함.

優
柔
不
斷

牛	耳	讀	經
소 우	귀 이	읽을 독	글 경
牛牛牛牛	耳耳耳耳耳耳	讀讀讀讀讀讀讀	經經經經經經經
牛　牛	耳　耳	讀　讀	經　經

소귀에 경 읽기, 아무리 가르쳐도 깨닫지 못함을 비유함.

牛
耳
讀
經

雨	後	竹	筍
비 우	뒤 후	대 죽	죽순 순
雨雨雨雨雨雨雨	後後後後後後後	竹竹竹竹竹竹	筍筍筍筍筍筍筍
雨　雨	後　後	竹　竹	筍　筍

비 온 뒤에 죽순이 나듯 어떤 일이 일시에 많이 일어나는 것.

雨
後
竹
筍

月	下	老	人
달 월	아래 하	늙을 노	사람 인
月月月月	丁丁下	耂耂耂老耂老	人人

남녀의 인연을 맺어준다는 전설상의 노인.

月	月	下	下	老	老	人	人

月
下
老
人

危	機	一	髮
위태할 위	틀 기	한 일	터럭 발
危危危危危危	機機機機機機機	一	髮髮髮髮髮髮髮

거의 여유가 없는 위급한 순간.

危	危	機	機	一	一	髮	髮

危
機
一
髮

有	口	無	言
있을 유	입 구	없을 무	말씀 언
有有有有有有	口口口	無無無無無無無	言言言言言言言
有 有	口 口	無 無	言 言

입은 있으나 말이 없다는 뜻으로 변명을 못 함을 이름.

有口無言

唯	我	獨	尊
오직 유	나 아	홀로 독	높을 존
唯唯唯唯唯唯唯	我我我我我我我	獨獨獨獨獨獨獨	尊尊尊尊尊尊尊
唯 唯	我 我	獨 獨	尊 尊

이 세상에는 나보다 더 높은 사람이 없다고 뽐냄.

唯我獨尊

流	言	蜚	語
흐를 유	말씀 언	바퀴 비	말씀 어
流流流流流流流	言言言言言言言	蜚蜚蜚蜚蜚蜚蜚	語語語語語語語
流 流	言 言	蜚 蜚	語 語

근거 없는 좋
지 못한 말.

流
言
蜚
語

淫	談	悖	說
음란할 음	말씀 담	거스를 패	말씀 설
淫淫淫淫淫淫淫	談談談談談談談	悖悖悖悖悖悖悖	說說說說說說說
淫 淫	談 談	悖 悖	說 說

음탕하고 상스
러운 이야기.

淫
談
悖
說

吟	風	弄	月
읊을 음	바람 풍	희롱할 농	달 월
吟吟吟吟吟吟吟	風凡凡凰風風風	弄弄弄弄弄弄弄	月月月月
吟	吟	風	風	弄	弄	月	月

맑은 바람과 밝은 달을 노래함, 풍류를 즐긴다는 뜻.

吟
風
弄
月

意	氣	揚	揚
뜻 의	기운 기	날릴 양	날릴 양
意意意意意意意	氣氣氣氣氣氣氣	揚揚揚揚揚揚揚	揚揚揚揚揚揚揚
意	意	氣	氣	揚	揚	揚	揚

뜻대로 되어 으쓱거리는 기상이 펄펄함.

意
氣
揚
揚

異	口	同	聲
다를 이	입 구	한가지 동	소리 성
昱昱異異異昻異	丨冂口	丨冂冂同同同	声声声殸殸聲聲

입은 다르되
소리가 같음.

異	異	口	口	同	同	聲	聲

異
口
同
聲

以	實	直	告
써 이	열매 실	곧을 직	고할 고
以以以以	實實實實實實實	直古古古直直直	告告告告告告告

참으로써 바로
고함, 이실고
지以實告之.

以	以	實	實	直	直	告	告

以
實
直
告

利	用	厚	生
이로울 이	쓸 용	두터울 후	날 생
利利利利利利利	月月月月用	厚厚厚厚厚厚厚	生生生生生
利 利	用 用	厚 厚	生 生

세상의 편리와 살림의 이익을 꾀하는 일.

利
用
厚
生

二	律	背	反
두 이	법칙 율	등 배	돌이킬 반
二二	律律律律律律律	背背背背背背背	反反反反
二 二	律 律	背 背	反 反

꼭 같은 근거를 가지고 정당하다고 주장되는 서로 모순되는 두 명제, 또는 그 관계.

二
律
背
反

因	果	應	報
인할 **인**	열매 **과**	응할 **응**	갚을 **보**
因 冂 冂 冈 因 因	累 累 累 累 果 果 果	應 庀 庀 庀 雁 應 應	報 報 幸 幸 報 報

좋은 일에는 좋은 결과가, 나쁜 일에는 나쁜 결과가 따름.

因	果
應	報

人	面	獸	心
사람 **인**	낮 **면**	짐승 **수**	마음 **심**
人 人	面 面 面 面 面 面 面	獸 獸 獸 獸 獸 獸 獸	心 心 心 心

얼굴은 사람이지만 마음은 짐승과 다름없는 사람.

人
面
獸
心

一	石	二	鳥
한 일	돌 석	두 이	새 조
一	石石石石石	二二	烏烏烏烏烏烏烏

한 가지 일로 두 가지 이익을 얻음을 비유함, 일거양득 一擧兩得.

一	一	石	石	二	二	鳥	鳥

一
石
二
鳥

日	就	月	將
날 일	나아갈 취	달 월	장차 장
日日日日	就就就就就就就	月月月月	將將將將將將將

날마다 달마다 발전함, 일진월보 日進月步.

日	日	就	就	月	月	將	將

日
就
月
將

一	片	丹	心
한 일	조각 **편**	붉을 **단**	마음 **심**
一	片 丿 片 片	丿 刀 月 丹	心 心 心 心

한 조각의 붉은 마음이란 뜻으로 정성, 진심을 말함.

臨	機	應	變
임할 **임**	틀 **기**	응할 **응**	변할 **변**
臨 臣 臣 臣 臨 臨 臨	機 機 機 機 機 機 機	广 广 庐 庐 應 應 應	變 變 變 絲 絲 變 變

그때그때 처한 일의 형편에 따라서 융통성 있게 처리함.

立	身	揚	名
설 입	몸 신	날릴 양	이름 명
立立立立立	身身身身身身	揚揚揚揚揚揚揚	名名名名名名
立 立	身 身	揚 揚	名 名

출세하여 자기의 이름이 세상에 드날리게 됨.

立
身
揚
名

自	激	之	心
스스로 자	격할 격	갈 지	마음 심
自自自自自自	激激激激激激激	之之之	心心心心
自 自	激 激	之 之	心 心

제가 한 일에 대하여 스스로 미흡한 생각을 가짐.

自
激
之
心

自	初	至	終
스스로 자	처음 초	이를 지	마칠 종
自自自自自自	初初初初初初	至至至至至至	終終終終終終終

처음부터 끝까지 이르는 동안 또는 그 사실.

作	心	三	日
지을 작	마음 심	석 삼	날 일
作作作作作作作	心心心心	二三三	日日日日

한 번 결심한 것이 사흘을 가지 않음, 곧 결심이 굳지 못함.

長	幼	有	序
어른 장	어릴 유	있을 유	차례 서
長長長長長長長	幼幼幼幼幼	冇冇有有有有	序序序序序序序

어른과 아이는
차례가 있음.

長
幼
有
序

賊	反	荷	杖
도둑 적	돌이킬 반	꾸짖을 하	지팡이 장
賊賊賊賊賊賊賊	反反反反	荷荷荷荷荷荷荷	杖杖杖杖杖杖杖

도둑이 매를
든다는 뜻으로
잘못한 사람이
도리어 잘한
사람을 나무라
는 모습.

賊
反
荷
杖

適	者	生	存
맞을 적	놈 자	날 생	있을 존
適適適商商滴適	者者者者者者者	生乍生生生	一ナオ存存存
適　適	者　者	生　生	存　存

생물이 외계의 형편에 맞는 것은 살고 그 렇지 못한 것 은 전멸하는 현상.

適
者
生
存

前	代	未	問
앞 전	대신할 대	아닐 미	물을 문
前前前前前前前	代代代代代	未二末未未	問問問問問問問
前　前	代　代	未　未	問　問

지금까지 들어 본 일이 없는 새로운 일을 이르는 말.

前
代
未
問

轉	禍	爲	福
구를 전	재앙 화	할 위	복 복
軋軋轉轉轉轉轉	禍禍禍禍禍禍禍	爲爲爲爲爲爲	福福福福福福福
轉 轉	禍 禍	爲 爲	福 福

화가 바뀌어 오히려 복이 됨.

轉
禍
爲
福

切	齒	腐	心
끊을 절	이 치	썩을 부	마음 심
切切切切	齒齒齒齒齒齒齒	腐腐腐腐腐腐腐	心心心心
切 切	齒 齒	腐 腐	心 心

몹시 분하여 이를 갈면서 속을 썩임.

切
齒
腐
心

漸入佳境

점점 더 재미있는 경지로 들어감.

점점 **점**	들 **입**	아름다울 **가**	지경 **경**
漸漸漸漸漸漸漸	八入	佳佳佳佳佳佳佳	境境境境境境境
漸 漸	入 入	佳 佳	境 境

漸
入
佳
境

頂門一鍼

정수리에 침을 준다는 뜻으로, 잘못의 급소를 찔러 충고하는 것.

정수리 **정**	문 **문**	한 **일**	침 **침**
頂頂頂頂頂頂頂	門門門門門門門	一	鍼鍼鍼鍼鍼鍼鍼
頂 頂	門 門	一 一	鍼 鍼

頂
門
一
鍼

井	底	之	蛙
우물 정	밑 저	갈 지	개구리 와
井井井井	底底底底底底底	之之之	蛙蛙蛙蛙蛙蛙蛙
井 井	底 底	之 之	蛙 蛙

우물 안 개구리, 견문이 좁고 세상 물정을 모름.

井
底
之
蛙

糟	糠	之	妻
지게미 조	겨 강	갈 지	아내 처
糟糟糟糟糟糟糟	糠糠糠糠糠糠糠	之之之	妻妻妻妻妻妻妻
糟 糟	糠 糠	之 之	妻 妻

가난을 참고 고생을 같이하며 남편을 섬긴 아내.

糟
糠
之
妻

朝	三	募	四
아침 조	석 삼	모을 모	넉 사
朝 市 朝 朝 車 朝 朝	三 二 三	募 募 莫 莫 莫 莫 募	丨 冂 四 四 四
朝 朝	三 三	募 募	四 四

간사한 꾀로 사람을 속여 희롱함.

朝
三
募
四

鳥	足	之	血
새 조	발 족	갈 지	피 혈
鳥 鳥 鳥 鳥 鳥 鳥 鳥	足 足 足 旦 足 足 足	之 之 之	血 血 血 血 血 血
鳥 鳥	足 足	之 之	血 血

새 발의 피라는 뜻으로 매우 적은 분량을 이르는 말.

鳥
足
之
血

坐	不	安	席
앉을 **좌**	아닐 **불**	편안 **안**	자리 **석**
坐坐坐坐坐坐坐	不不不不	安安安安安安	席席席席席席席
坐 坐	不 不	安 安	席 席

불안·초조·공포 따위로 한자리에 진득하게 앉아 있지 못함.

坐
不
安
席

左	衝	右	突
왼 **좌**	찌를 **충**	오른쪽 **우**	갑자기 **돌**
左左左左左	衝衝衝衝衝衝衝	右右右右右	突突突突突突突
左 左	衝 衝	右 右	突 突

이리저리 마구 치고 받음.

左
衝
右
突

主	客	顚	倒
주인 주	손 객	엎드러질 전	넘어질 도
主 主 ナ 丰 主	客 客 客 宀 宀 客 客	顚 顚 颠 眞 顚 顚 顚	倒 倒 佴 倒 佴 倒 倒
主 主	客 客	顚 顚	倒 倒

주인과 손님의 입장이 뒤바뀐 것.

晝	耕	夜	讀
낮 주	밭 갈 경	밤 야	읽을 독
晝 晝 晝 晝 晝 晝 晝	耕 耕 耒 耕 耕 耕 耕	夜 夜 亣 亣 夜 夜 夜	讀 讀 讀 讀 讀 讀 讀
晝 晝	耕 耕	夜 夜	讀 讀

낮에는 밭을 갈고 밤에는 글을 읽음.

走	馬	看	山
달릴 주	말 마	볼 간	메 산
走走走走走走走	馬馬馬馬馬馬馬	看看看看看看看	山山山
走 走	馬 馬	看 看	山 山

달리는 말에서 산을 본다는 말로 스치듯 지나침을 뜻함.

走
馬
看
山

竹	馬	故	友
대 죽	말 마	연고 고	벗 우
竹竹竹竹竹竹	馬馬馬馬馬馬馬	故故故故故故故	友友友友
竹 竹	馬 馬	故 故	友 友

죽마를 타고 놀던 벗, 곧 어릴 때 같이 놀던 친한 친구.

竹
馬
故
友

衆	口	難	防
무리 중	입 구	어려울 난	막을 방
衆衆衆衆衆衆衆	口口口	難難難萬勤難難	防防防防防防
衆 衆	口 口	難 難	防 防

뭇사람의 말을 이루 다 막기는 어렵다는 뜻.

衆口難防

重	言	復	言
무거울 중	말씀 언	다시 부	말씀 언
重重重重重重重	言言言言言言言	復復復復復復復	言言言言言言言
重 重	言 言	復 復	言 言

한 말을 자꾸 되풀이함.

重言復言

支	離	滅	裂
지탱할 지	떠날 리	멸할 멸	찢을 렬
支支支支	離離离離離離離	滅滅滅滅滅滅滅	裂裂裂裂裂裂裂
支 支	離 離	滅 滅	裂 裂

이리저리 체계가 없이 흩어져 갈피를 잡을 수 없음.

支
離
滅
裂

至	誠	感	天
이를 지	정성 성	느낄 감	하늘 천
至至至至至至	誠誠誠誠誠誠誠	感感感感感感感	天天天天
至 至	誠 誠	感 感	天 天

지극한 정성에 하늘이 감동함.

至
誠
感
天

知	行	一	致
알 지	다닐 행	한 일	이를 치
知知知知知知知	行行行行行行	一	致致致致致致致
知 知	行 行	一 一	致 致

아는 것과 행함이 같아야 함, 지행합일 知行合一.

知
行
一
致

珍	羞	盛	饌
보배 진	부끄러울 수, 올릴 수	성할 성	반찬 찬
珍珍珍珍珍珍珍	羞羞羞羞羞羞	盛盛成成成盛盛	饌饌饌饌饌饌
珍 珍	羞 羞	盛 盛	饌 饌

맛이 좋은 음식으로 많이 잘 차린 것을 뜻함.

珍
羞
盛
饌

進	退	兩	難
나아갈 진	물러날 퇴	두 양	어려울 난
進進進進進進進	退退退退退退退	兩兩兩兩兩兩兩	難難難難難難難
進 進	退 退	兩 兩	難 難

나아갈 수도
물러설 수도
없는 궁지에
몰린 경우.

進
退
兩
難

此	日	彼	日
이 차	날 일	저 피	날 일
此此此此此此	日日日日	彼彼彼彼彼彼彼	日日日日
此 此	日 日	彼 彼	日 日

오늘 내일 하
며 자꾸 기일
을 늦춤.

此
日
彼
日

天	高	馬	肥
하늘 천	높을 고	말 마	살찔 비
天天天天	高高高高高高高	馬馬馬馬馬馬馬	肥肥肥肥肥肥肥
天 天	高 高	馬 馬	肥 肥

하늘이 높고 말은 살찐다는 뜻으로 가을철을 일컫는 말.

天
高
馬
肥

千	辛	萬	苦
일천 천	매울 신	일만 만	쓸 고
千千千	辛辛辛辛辛辛辛	萬萬萬萬萬萬萬	苦苦苦苦苦苦苦
千 千	辛 辛	萬 萬	苦 苦

온갖 고생, 무진 애를 씀.

千
辛
萬
苦

天	下	泰	平
하늘 천	아래 하	클 태	평평할 평
天天天天	下下下	泰泰泰夹泰泰泰	平平平平平

온 세상이 태평하여 세상 근심 모르고 편안함.

天
下
泰
平

徹	頭	徹	尾
통할 철	머리 두	통할 철	꼬리 미
徹徹徹徹徹徹徹	頭頭頭頭頭頭頭	徹徹徹徹徹徹徹	尾尾尾尾尾尾尾

머리에서 꼬리까지 투철함, 즉 처음부터 끝까지 투철함.

徹
頭
徹
尾

靑	山	流	水
푸를 **청**	메 **산**	흐를 **유**	물 **수**
靑靑靑靑靑靑靑	山山山	流流流流流流流	水水水水
靑　靑	山　山	流　流	水　水

청산에 흐르는 물, 거침없이 잘하는 말에 비유.

靑
山
流
水

靑	天	霹	靂
푸를 **청**	하늘 **천**	벼락 **벽**	벼락 **력**
靑靑靑靑靑靑靑	天天天天	霹霹霹霹霹霹霹	靂靂靂靂靂靂靂
靑　靑	天　天	霹　霹	靂　靂

맑게 갠 하늘에서 치는 벼락, 곧 뜻밖에 생긴 변을 일컫는 말.

靑
天
霹
靂

草	綠	同	色
풀 초	푸를 록	한가지 동	빛 색
草草苢草草草草	綠綠綵綵絟絟綠	同月冃同同同	色色色色色色
草 草	綠 綠	同 同	色 色

풀빛과 녹색은 같은 빛깔이란 뜻으로, 같은 처지의 사람과 어울리거나 기우는 것을 일컬음.

草
綠
同
色

寸	鐵	殺	人
마디 촌	쇠 철	죽일 살	사람 인
寸寸寸	鐵鐵鐵鐵鐵鐵鐵	殺殺殺殺殺殺殺	人人
寸 寸	鐵 鐵	殺 殺	人 人

간단한 말로 사물의 가장 요긴한 데를 찔러 듣는 사람을 감동시킴.

寸
鐵
殺
人

秋	風	落	葉
가을 **추**	바람 **풍**	떨어질 **낙**	잎 **엽**
秋秋秋秋秋秋秋	風凡凡凡凤風風	落落落落落落落	葉葉葉葉葉葉葉
秋 秋	風 風	落 落	葉 葉

시들어 떨어지거나 헤어져 흩어짐의 비유.

秋
風
落
葉

取	捨	選	擇
가질 **취**	버릴 **사**	가릴 **선**	가릴 **택**
取取取取取取取	捨捨捨捨捨捨捨	選選選選選巽選	擇擇擇擇擇擇擇
取 取	捨 捨	選 選	擇 擇

취하고 버려 선택함.

取
捨
選
擇

惻	隱	之	心	불쌍히 여기는 마음.
슬퍼할 측	숨을 은	갈 지	마음 심	
惻惻惻惻惻惻惻	隱隱隱隱隱隱隱	之之之	心心心心	
惻 惻	隱 隱	之 之	心 心	

惻
隱
之
心

卓	上	空	論	실현성이 없는 허황된 이론.
높을 탁	윗 상	빌 공	논할 론	
卓卓卓卓卓卓卓	上上上	空空空空空空空	論論論論論論論	
卓 卓	上 上	空 空	論 論	

卓
上
空
論

貪	官	汚	吏
탐낼 **탐**	벼슬 **관**	더러울 **오**	벼슬아치 **리**
貪貪貪貪貪貪貪	官官官官官官官	汚汚汚汚汚汚	吏吏吏吏吏吏

탐욕이 많고 마음이 깨끗하지 못한 관리.

貪
官
汚
吏

泰	然	自	若
클 **태**	그릴 **연**	스스로 **자**	같을 **약**
泰泰泰夫泰泰泰	然然然然然然然	自自自自自自	若若若若若若若

침착하여 조금도 마음이 동요되지 아니하는 모양.

泰
然
自
若

太	平	烟	月
클 태	평평할 평	연기 연	달 월
太大大太	平平平平平	烟烟烟烟烟烟烟	月月月月
太 太	平 平	烟 烟	月 月

세상이 평화롭고 안락한 때.

太平烟月

波	瀾	萬	丈
물결 파	물결 란	일만 만	어른 장
波波波汃波波波	瀾瀾瀾瀾瀾瀾瀾	萬萬萬萬萬萬萬	丈大丈
波 波	瀾 瀾	萬 萬	丈 丈

일의 진행에 변화가 심함.

波瀾萬丈

破	竹	之	勢
깨뜨릴 **파**	대 **죽**	갈 **지**	형세 **세**
破破破破破破破	竹竹竹竹竹竹	之之之	勢勢勢勢執執勢

대쪽을 쪼개는 듯한 거침없는 형세.

破
竹
之
勢

八	方	美	人
여덟 **팔**	모 **방**	아름다울 **미**	사람 **인**
八八	方方方方	美美美美美美美	人人

어느 모로 보아도 아름다운 미인, 여러 방면의 일에 능통한 사람을 가리킴.

八
方
美
人

敗	家	亡	身
패할 **패**	집 **가**	망할 **망**	몸 **신**
敗敗敗敗敗敗敗	家家家家家家家	亡亡亡	身身身身身身身
敗 敗	家 家	亡 亡	身 身

가산을 다 써서 없애고 몸을 망침.

敗
家
亡
身

平	地	風	波
평평할 **평**	땅 **지**	바람 **풍**	물결 **파**
平平平平平	地地地地地地	風風凮風風風風	波波波波波波波
平 平	地 地	風 風	波 波

뜻밖에 일어나는 분쟁.

平
地
風
波

抱	腹	絶	倒
안을 포	배 복	끊을 절	넘어질 도
抱抱抱抱抱抱抱	腹腹腹腹腹腹腹	絶絶絶絶絶絶絶	倒倒倒倒倒倒倒
抱 抱	腹 腹	絶 絶	倒 倒

배를 안고 몸을 가누지 못할 정도로 몹시 웃음.

抱腹絶倒

飽	食	暖	衣
배부를 포	밥 식	따뜻할 난	옷 의
飽飽飽飽飽飽飽	食食食食食食食	暖暖暖暖暖暖暖	衣衣衣衣衣衣衣
飽 飽	食 食	暖 暖	衣 衣

배불리 먹고 따뜻하게 입음.

飽食暖衣

風	飛	雹	散
바람 풍	날 비	우박 박	흩을 산
風凡凡風風風風	飛飛飛飛飛飛飛	雹雹雹雹雹雹雹	散散散散散散散
風 風	飛 飛	雹 雹	散 散

사방으로 날려서 흩어짐.

風
飛
雹
散

風	前	燈	火
바람 풍	앞 전	등 등	불 화
風凡凡風風風風	前前前前前前前	燈燈燈燈燈燈燈	火火火火
風 風	前 前	燈 燈	火 火

바람 앞의 등불이란 말로, 매우 위급한 경우에 놓여 있음을 일컬음.

風
前
燈
火

被	害	妄	想
입을 **피**	해할 **해**	망령될 **망**	생각 **상**
被被衤衤衻被被	害害宧宧害害害	妄妄亡亡妄妄	想想相相想想想
被 被	害 害	妄 妄	想 想

남이 자기에게 해를 입힌다고 생각하는 일.

被
害
妄
想

鶴	首	苦	待
학 **학**	머리 **수**	쓸 **고**	기다릴 **대**
鶴雀雀雀鶴鶴鶴	首首首首首首首	苦苦苦苦苦苦	待待待待待待待
鶴 鶴	首 首	苦 苦	待 待

학의 목처럼 목을 길게 늘여 몹시 기다린다는 뜻.

鶴
首
苦
待

虛	無	孟	浪	터무니없이 허황되고 실상이 없음.
빌 허	없을 무	맏 맹	물결 랑	
虛虛虛虛虛虛	無无无無無無無	孟孟孟盂盂孟孟	浪浪浪浪浪浪浪	
虛 虛	無 無	孟 孟	浪 浪	

虛
無
孟
浪

虛	心	坦	懷	마음을 비우고 생각을 터놓음.
빌 허	마음 심	평탄할 탄	품을 회	
虛虛虛虛虛虛	心心心心	坦坦坦坦坦坦	懷懷懷懷懷懷	
虛 虛	心 心	坦 坦	懷 懷	

虛
心
坦
懷

賢	母	良	妻
어질 **현**	어머니 **모**	어질 **양**	아내 **처**
臤 臤 臤 臤 賢 賢 賢	ㄴ 丹 母 母 母	艮 艮 艮 艮 良 良 良	妻 妻 妻 妻 妻 妻 妻

어진 어머니이
면서 또한 착
한 아내.

賢
母
良
妻

子	子	單	身
외로울 **혈**	외로울 **혈**	홑 **단**	몸 **신**
了 了 子	了 了 子	單 單 單 單 單 單 單	身 身 身 身 身 身

아무도 의지
할 곳이 없는
홀몸.

子
子
單
身

131

사자성어 바르게 쓰기

好	事	多	魔
좋을 호	일 사	많을 다	마귀 마
好好好好好好	事事事事事事事	多多多多多多	魔魔魔魔魔魔魔
好 好	事 事	多 多	魔 魔

좋은 일에는 방해가 되는 일이 많다는 뜻.

好
事
多
魔

虎	視	眈	眈
범 호	볼 시	노려볼 탐	노려볼 탐
虎虎虎虎虎虎虎	視視視視視視視	眈眈眈眈眈眈眈	眈眈眈眈眈眈眈
虎 虎	視 視	眈 眈	眈 眈

날카로운 눈으로 가만히 기회를 노려보고 있는 모양.

虎
視
眈
眈

豪	言	壯	談
호걸 호	말씀 언	장할 장	말씀 담
豪豪豪豪豪豪豪	言言言言言言言	丬爿爿壯壯壯壯	談談談談談談談

분수에 맞지 않는 말을 큰 소리로 자신 있게 말함.

豪言壯談

浩	然	之	氣
넓을 호	그럴 연	갈 지	기운 기
浩浩浩浩浩浩浩	然然然然然然然	之之之	氣氣气气气氣氣

공명정대하게 부끄러움이 없는 도덕적 용기.

浩然之氣

133

呼	兄	呼	弟
부를 호	형 형	부를 호	아우 제
呼呼呼呼呼呼呼	兄兄兄兄兄	呼呼呼呼呼呼呼	弟弟弟弟弟弟弟

서로 형, 아우
라 부를 정도
로 가까운 친
구 사이.

呼
兄
呼
弟

魂	飛	魄	散
넋 혼	날 비	넋 백	흩을 산
魂魂魂魂魂魂魂	飛飛飛飛飛飛飛	魄魄魄魄魄魄魄	散散散散散散散

혼이 날아서
흩어졌다 함은
매우 크게 놀
랐다는 뜻.

魂
飛
魄
散

渾	然	一	致
뒤섞일 **혼**	그럴 **연**	한 **일**	이를 **치**
渾渾渾渾渾渾渾	然然然然然然然	一	致致致致致致致

차별 없이 서로 합치함.

渾	渾	然	然	一	一	致	致

渾
然
一
致

弘	益	人	間
클 **홍**	더할 **익**	사람 **인**	사이 **간**
弘弘弘弘弘	益益益益益益益	人人	間間間間間間間

널리 인간 세계를 이롭게 한다는 뜻.

弘	弘	益	益	人	人	間	間

弘
益
人
間

畫龍點睛

畫	龍	點	睛
그림 **화**	용 **룡**	점 **점**	눈동자 **정**

畫畫畫畫畫畫畫 　龍龍龍龍龍龍龍 　點點點黑黑點點 　睛睛睛睛睛睛

용을 그려 놓고 마지막으로 눈을 그려 넣음, 즉 가장 긴요한 부분을 완성함.

確固不動

確	固	不	動
굳을 **확**	굳을 **고**	아닐 **부**	움직일 **동**

確確確確確確確 　固固固固固固固 　不不不不 　動動動動動動動

확실하고 튼튼하여 마음이 움직이지 않음.

荒	唐	無	稽
거칠 **황**	당황할 **당**	없을 **무**	상고할 **계**
荒荒荒荒荒荒荒	广广庐庐庐唐唐	仁仁仁無無無無	禾稂利秋秋稽稽

말이나 행동이 허황되어 믿을 수가 없음.

會	者	定	離
모일 **회**	놈 **자**	정할 **정**	떠날 **리**
合合命命侖會會	丰耂耂者者者	宁宁宁宁宁定定	离离离离離離離

만나면 반드시 헤어지게 마련임, 생자필멸 生者必滅. ↔ 거자필반 去者必返.

137

橫說竪說

조리가 없는 말을 함부로 지껄임.

가로 횡	말씀 설	세울 수	말씀 설
橫橫橫橫橫橫橫	說說說說說說說	竪竪竪竪竪竪竪	說說說說說說說

橫
說
竪
說

厚顏無恥

낯가죽이 두꺼 워 부끄러운 줄을 모름, 몰 염치, 파렴치.

두터울 후	낯 안	없을 무	부끄러울 치
厚厚厚厚厚厚	顏顏顏顏顏顏顏	無無無無無無無	恥恥恥恥恥恥

厚
顏
無
恥

後	悔	莫	及
뒤 후	뉘우칠 회	없을 막	미칠 급
後後後後後後後	悔悔悔悔悔悔悔	莫莫莫莫莫莫莫	及及及及

일이 잘못된 뒤라 아무리 뉘우쳐도 어찌 할 수 없음.

後
悔
莫
及

興	亡	盛	衰
흥할 흥	망할 망	성할 성	쇠할 쇠
興興興興興興興	亡亡亡	盛盛成成盛盛盛	衰衰衰衰衰衰衰

흥하고 망함과 번성함과 쇠약함.

興
亡
盛
衰

喜怒哀樂

喜	怒	哀	樂
기쁠 희	성낼 로	슬플 애	즐길 락

기쁨과 노여움과 슬픔과 즐거움, 곧 사람의 온갖 감정.

喜喜喜喜喜喜喜	怒怒怒怒怒怒怒	哀哀哀哀哀哀哀	樂樂樂樂樂樂樂
喜 喜	怒 怒	哀 哀	樂 樂

喜
怒
哀
樂

喜色滿面

喜	色	滿	面
기쁠 희	빛 색	찰 만	낯 면

기쁜 빛이 얼굴에 가득함.

喜喜喜喜喜喜喜	色色色色色色	滿滿滿滿滿滿滿	面面面面面面面
喜 喜	色 色	滿 滿	面 面

喜
色
滿
面

부록

우리가 꼭 알아야 할 생활 속 지식

제1장

예절 · 가족 · 생활

1. 예절

예절이란 '예의에 관한 범절'을 줄인 말로, 사람이 사람답게 행해야 할 질서 또는 함께 사는 사람들이 약속한 생활방식 등으로 풀이할 수 있다. 그러므로 자신을 낮추는 자세와 겸손이 필요하다. 예절은 법과 달라서 지키지 않는다고 처벌을 받지는 않지만, 사람들에게 좋지 않은 평가를 받게 되면 사회생활이나 인간관계에서 큰 문제가 될 수 있다. 또 직위나 직급이 높을수록 중요해져 큰 영향을 미치기 때문에 올바른 예절을 지키는 것은 사회생활을 하는 사람이 가져야 할 필수 요소이기도 하다.

특히 오늘날에 가장 중요한 것은 남에게 폐를 끼치지 않아야 한다는 것이다. 여기에는 타인에게 호감을 주거나 존경하는 모습을 보이는 것도 포함된다. 궁극적으로 예절은 다른 사람을 대할 때의 마음과 태도를 의미한다고 할 수 있으며, 예절의 범주는 인간관계의 예의는 물론이고 생활 전체에 적용되므로 항상 주의할 필요가 있다.

우리나라의 예절

예禮는 동양 정신문화의 바탕이자 대표적인 부분이라고 할 수 있다. 우리나라는 '동쪽에 있는 예절의 나라'라는 뜻의 '동방예의지국東方禮義之國'이라고 불리기도 했다. 우리나라의 예절과 관련된 전통은 단군시대부터 이어져 왔으며, 유교 사상이 더해져 우리나라의 생활규범을 만들어왔다. 특히 유교 사상의 인仁은 동양 예절의 기원이 되어왔으며, 군자 교육의 최고 덕목이 되기도 했다. '인'의 구현이 곧 '예'로 이어지면서 예절은 발달되었고, 시대에 맞게 합리적으로 조금씩 변하기도 했다.

긴 역사를 가지고 있는 민족이나 국가일수록 전통 예절이 많다는 특징을 가지고 있다. 그 이유는 예절이란 오랜 기간 동안 이어진 생활습관을 통해 습득되는 것이기 때문이다. 그러나 전통 예절이 그 이름처럼 늘 전통적이거나 항상 변하지 않는 불변의 것은 아니다. 예절 안에서도 반드시 달라져야 하는 부분과 그대로 보존되어야 하는 부분은 공존하기 때문이다. 과거에는 예절의 범주에 속하지 않았으나 현재에는 중요시 되는 경우도 있다. 이러한 예절의 시대 변화에 대해 잘 이해하면서 근본적인 예절에 대한 생각을 가지는 것이 예절을 가장 잘 지킬 수 있는 방법이기도 하다.

옷차림 예절

우리의 조상들은 옷을 바르게 입고 사람을 대하는 것을 당연한 도리로 여겼으며, 아무리 친한 사이라고 해도 의관을 단정하게 한 후에야 손님을 맞이하였다. 집에 혼자 있을 때도 속옷 차림은 예의에 어긋나는 일이라고 생각하였다.

옷의 기본적인 기능은 체온 유지와 신체 보호이다. 그러나 현대에는 예절적인 면과 함께 아름다움과 개성을 추구하는 역할을 하고 있으므로 이에 주의하여 옷을 입는 것이 중요하다. 특히 옷차림은 다른 것보다 사람 됨을 나타내는데 중요한 인상을 주기 때문에 특별한 주의를 기울여야 한다.

옷차림은 무엇보다 깨끗하고 단정함이 중요하며, 헌 옷이라도 깨끗하게 입도록 해야 한다. 또 나이, 직업, 경제력 등 형편에 맞는 옷차림을 하도록 하며, 행사에 참여할 경우 행사의 성격에 맞는 격식 있는 옷차림을 하는 것도 중요하다.

무더운 여름이라 하더라도 과도한 노출은 삼가는 것이 좋으며, 개성 있는 옷차림은 그 사람의 매력을 살릴 수 있지만 지나치게 튀는 옷차림은 부정적인 효과를 줄 수 있으므로 주의하는 것이 좋다.

2. 가족

가족家族은 혈족을 중심으로 한 직계, 방계 및 배우자를 포함한 최소의 집단을 의미한다. 사전적 의미로는 '부부처럼 혼인으로 맺어지거나, 부모와 자식처럼 혈연으로 이루어지는 집단, 또는 그 구성원'을 일컫는다.

우리나라에서는 가족의 범위가 매우 넓은데, 고조할아버지 대代인 8촌과 그에 속하는 남자의 배우자 및 어머니의 사촌까지를 근친으로 한다. 최근에는 가족의 범위가 부모와 자녀로 좁혀지는 경우가 많으므로 가족의 범위가 사람마다 달라질 수 있다.

촌수 알기

친등親等이라고도 하는 촌수의 본래 뜻은 '손의 마디'라는 뜻이다. 촌수는 숫자가 작을수록 근친에 해당하며, 촌자寸字는 친족을 의미하기도 한다. 직계 혈족에 대해서는 촌수를 사용하지 않는데, 촌수는 직계가 아닌 방계旁系를 계산하기 위한 것이기 때문이다.

아버지와 어머니, 즉 부부 관계는 혈연관계가 아니기 때문에 촌수가 없다. 기본적으로 부모와 자녀 간은 1촌, 형제 및 자매 사이는 2촌이며, 여기서 촌수의 기본 개념이 시작된다. 이를 기준으로 계산하면 아버지의 형제 및 자매와는 3촌, 아버지의 형제 및 자매의 자녀와는 4촌이 된다.

방계 혈족 간의 촌수를 따질 때는 형제의 촌수인 2촌×세대수로 계산하며, 할아버지가 같으면 2촌×2대=4촌, 증조부가 같으면 2촌×3대=6촌이 된다. 아저씨와 조카 관계는 형제 촌수인 2촌×세대수에서 1을 뺀다.

현행 민법에서는 친족의 범위를 8촌 이내의 혈족, 4촌 이내의 인척과 배우자로 한정하고 있다. 이때 혈족은 할아버지 형제자매의 현손玄孫까지 해당한다.

친족 계촌표

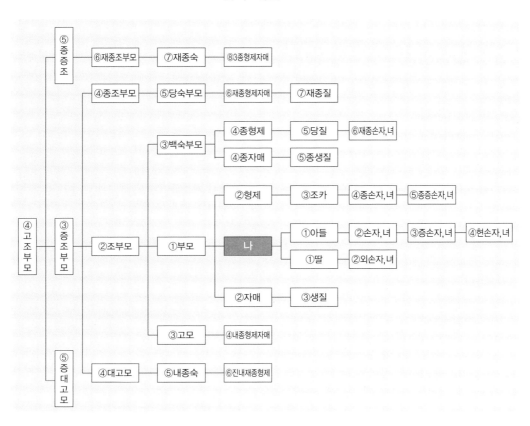

외가 계촌표

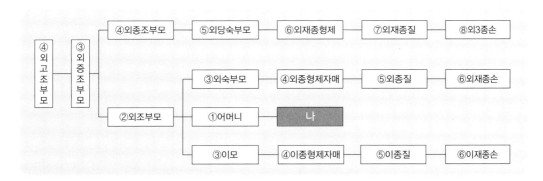

3. 일상생활의 경조문과 봉투 쓰는 법

- 결혼식

  賀儀하의, 祝聖婚축 성혼, 祝華婚축 화혼, 祝盛典축 성전

- 회갑연

  壽儀수의, 祝壽宴축 수연, 祝喜宴축 희연, 祝回甲축 회갑

- 축하祝賀

  祝榮轉축 영전, 祝發展축 발전, 祝合格축 합격, 祝當選축 당선

- 사례謝禮

  菲品비품, 薄謝박사, 略禮약례, 薄禮박례

- 대소상大小祥

  菲意비의, 香奠향전, 奠儀전의, 薄儀박의

- 상가喪家

  弔意조의, 賻儀부의, 謹弔근조, 奠儀전의

- 하수賀壽

48세 : 상수桑壽	61세 : 환갑還甲, 화갑華甲, 회갑回甲	
70세 : 고희古稀	77세 : 희수喜壽	80세 : 산수傘壽
88세 : 미수米壽	90세 : 졸수卒壽	99세 : 백수白壽
100세 : 상수上壽		

결혼식 축의금 봉투 쓰는 법

제2장

혼례 婚禮

1. 혼례의 의미

혼인은 남녀가 부부가 되는 의식으로, 예전에는 '혼례婚禮'라는 글자 중 '혼'은 '어두울 혼昏'을 썼다. 해가 저물 때 혼인 예식을 올린다는 뜻을 지니고 있었기 때문이다. 그 이유는 남자와 여자, 즉 양과 음이 만나 부부가 되는 것이므로, 예식도 양(낮)과 음(밤)이 만나는 해질녘이 적당하다는 것이었다. 이 밖에도 혼婚은 장가를 든다는 뜻이고, 인姻은 시집을 간다는 뜻이기 때문에 혼례를 혼인婚姻이라고도 했다. 헌법, 민법 등 법률적으로는 결혼이 아닌 혼인이라고 쓰고 있으므로 금품이나 화환 등에도 올바르게 사용하는 것이 좋다.

인륜지대사라고 불리는 혼인은 예전부터 엄격한 절차를 밟아 진행되는 것이 일반적이었다. 혼인 당사자의 양쪽 부모가 상을 당했을 경우에 1년 이내에는 혼인하지 않으며, 배우자가 죽은 후 3년 이내에는 재혼을 하지 않는 것이 일반적인 관습이다.

2. 현대 혼례의 절차

시대가 변하면서 혼례의 절차도 많이 바뀌고 있다. 중매가 대부분이었던 예전과 달리 요즘은 연애결혼이 대부분이며, 시간과 비용을 절감하기 위해 약혼을 생략하는 경우가 대부분이다. 특히 선진국일수록 그 제도와 절차가 간소하며 미국, 유럽 등에서는 우리나라처럼 형식적이고 번잡한 결혼식 대신 교회 목사님 또는 성당 신부님의 주례로 간단하게 혼례식을 치른다.

우리나라의 전통 혼례 절차는 매우 복잡한 편이지만, 그 안에는 경건하고 정중하게 예식을 치른다는 깊은 뜻을 가지고 있다. 그러므로 현실에 맞게 절차를 간소화하고 방법은 다르게 하되, 그 안에 담긴 의미는 잊지 않도록 하는 것이 중요하다.

민법 800조에서는 '성년에 달한 자는 자유로 약혼할 수 있다.'라고 규정지어 허락 없는 약혼과 혼인을 인정한다. 민법 801조와 807조에서는 '남자 만 18세, 여자 만 16세가 되면 부모 또는 후견인의 동의를 얻어 약혼 및 혼인을 할 수 있다.'라고 되어 있으니 참고할 수 있다. 결혼 적령기는 경제력, 임신 및 출산, 부양 능력 등에 따라 달라지는데, 점차 높아지고 있는 추세이다.

연애를 하거나 중매를 통해 결혼을 해도 된다는 결심이 생기면 양가 부모님의 허락을 받는다. 허락을 받은 뒤에는 양가 부모님을 한자리에 모셔 서로 인사를 나누고 약혼식 및 결혼 날짜를 정하게 된다.

단, 당사자 간에 혼인의 합의가 없는 때, 당사자 간에 직계 혈족, 8촌 이내의 방계 혈족 및 그 배우자인 친족 관계가 있거나 있었던 때, 당사자 간에 직계 인척, 부夫의 8촌 이내의 혈족인 인척 관계가 있거나 있었던 때는 민법 815조에 따라 혼인할 수 없다.

1) 혼담
① 배우자의 선택

혼례는 한 남자와 한 여자가 결혼을 통해 한 몸과 한 마음이 되겠다는 것으로, 온전한 화합과 화평을 이루어야 한다. 옛날 풍습 중 조롱박을 둘로 쪼개 만든 표주박으로 신랑과 신부가 함께 마시는 합근례는 이러한 화합을 의미하는 것이기도 했다. 둘로 쪼개진 표주박은 그 짝이 이 세상에 하나밖에 없기 때문이다.

혼례를 하기 위해서는 두 사람이 진실 된 사랑과 믿음 위에서 하나가 되어야 한다. 또한 사물에 대한 판단 및 현실 인식에 같은 생각을 가져야 하며 바라는 이상이 일치해야 한다. 생활 감각이나 취미가 서로 비슷하고 유머가 있으면 생활에 더 큰 즐거움을 얻을 수도 있다.

또 건강한 생활을 영위할 수 있도록 사회적 능력을 갖춘 생활인이 되어야 하며, 이러한 밑바탕에 서로의 힘을 합친다면 성공적인 결혼 생활을 할 수 있을 것이다.

② 연애와 중매

혼인이 이루어지기 위해서는 남녀 간에 예전부터 교제를 하고 있거나 또는 중매인을 통해서 맞선을 본 다음 어느 정도의 교제를 한 다음에 서로가 결혼하겠다고 합의하면 약혼, 또는 결혼의 절차를 밟도록 한다.

요즘에는 결혼상담소라는 중매를 전담하는 곳이 있어서 이곳에 등록하면 서로의 조건에 맞는 사람을 골라 맞선을 보게 해준다. 이렇듯 결혼을 하기 위해 직업적인 중매인에게 부탁하는 것도 좋겠지만 맞선을 볼 당사자의 가까운 친구나 친척, 또는 이웃사람들이 더 좋은 중매를 할 수도 있다.

맞선은 비교적 조용한 장소에서 밤보다는 낮에 행하는 것이 좋으며, 상대방이 원하지 않는 한 식사 시간은 피하는 것이 예의이다. 그리고 맞선은 당사자들이 피로를 느끼지 않을 정도의 시간으로 가능하면 2시간 이내가 적당하다. 복장은 평소에 입던 옷을 깨끗이 손질하여 단정하게 입고, 특히 여자의 경우 요란한 화장과 치장은 오히려 상대방에게 불쾌감을 줄 수도 있으므로 주의한다. 그리고 중매인과 동반인이 자연스러운 일상을 화제로 삼아 분위기를 부드럽게 만드는 것이 중요하다. 그런 다음에 서로의 소개와 인사를 교환하면 당사자들만의 시간을 갖도록 자리를 피해 준다.

결혼이란 두 사람 모두 서로의 마음에 들어야 하기 때문에 비록 상대방으로부터 거절을 당한다 해도 너무 속상해하거나 열등의식을 가질 필요는 없다. 거절하려는 쪽에서도 가능하면 조심스럽고 신중을 기해 상대방의 마음을 상하지 않도록 좋은 말로 거절하는 것이 예의이다. 즉, 상대방을 치켜세우면서 자신을 낮추는 것도 한 방법이다.

서로가 마음에 들면 아무런 문제가 없겠지만, 상대방이 마음에 들지 않는데도 거절하기가 곤란해 자신의 의사 표현을 제대로 하지 못하면 더 큰 불행을 초래하므로, 상대방이 마음에 들지 않을 때는 분명하면서도 정중하게 빨리 거절하는 것이 서로를 위해서도 좋은 일임을 명심한다.

※ 중매를 통한 교제 기간 중에 알아야 할 사항
1. 자라온 과정의 사진을 교환하며 상대방이 어떤 환경에서 살았는지를 알아본다.
2. 신원조사 : 중매인의 말만 믿지 말고 상대방의 호적 및 주민등록등본을 떼어본다. 그리고 출신학교의 성적과 품행, 교우관계를 알아보고 상대방의 직장이나 동료들을 통해 어떤 사람인지를 확인하는 과정이 필요하다. 마지막으로 상대방이 살고 있는 동네에서 그의 집안에 대해 알아보는 것도 중요하다.

2) 약혼식

결혼하겠다는 마음을 굳히면 결혼에 앞서 약혼을 하게 된다. 약혼은 결혼만큼 중요한 절차이기 때문에 정말 중요한 문제가 아니라면 함부로 파혼할 수 없다. 약혼식은 양가의 가족과 가까운 친지들이 모인 가운데 진행된다.

약혼식은 약혼 선언, 예비 신랑 신부의 간단한 소개, 사주단자 전달 및 약혼 선물 교환, 양가 가족 및 친지 소개, 환담 등의 순서로 이루어진다. 약혼식은 가족적인 분위기에서 행해지며, 식 절차도 간단하게 진행된다. 약혼 선물로는 약혼반지, 시계 등이며 양가의 형편에 맞춘다.

약혼반지는 탄생석으로 하는 것이 일반적이다. 세계적으로 통용되는 탄생석은 1912년 미국 보석상 조합에서 선정한 것으로 1월 석류석, 2월 자수정, 3월 산호 또는 남옥, 4월 다이아몬드 또는 수정, 5월 에메랄드, 6월 진주 또는 문스톤, 7월 루비, 8월 감람석, 9월 사파이어, 10월 오팔 또는 전기석, 11월 토파즈, 12월 터키석 등이다.

약혼식 때는 건강진단서도 교환하는 것이 좋은데, 건강검진의 필수검사는 앞으로 태어날 두 사람의 아이를 위한 것이라는 생각을 갖고 임하도록 한다. 필수검사로는 간염검사, 풍진검사, 혈액검사, 초음파검사, 성병검사 등이 있다.

만약 파혼을 하게 되었을 때는 받은 예물을 즉시 되돌려주어야 하며, 파혼하게 된 까닭이 상대방의 잘못이 아닌 경우에는 물질적, 정신적인 위자료를 지급해야 한다. 약혼한 후 일반적으로 파혼이 가능한 경우는 약혼 전 신상의 중요한 문제를 고의로 숨겼을 때, 약혼 후 중대한 범죄행위나 준금치산자 이상의 선고를 받을 때, 성병이나 나병 또는 불치병에 걸렸을 때, 약혼 뒤 2년 이상 소식이 없거나 정당한 사유 없이 혼인을 지연시킬 때 등이다.

약혼서 서식

약 혼 서

구 분	남	여
성 명		
주 민 등 록 번 호		
생 년 월 일		
주 소		
호주의 성명 · 주소		

위 두 사람은 다음과 같이 혼인할 것을 약속한다.

1. 혼인 예정일

2. 기타 조건

년   월   일

약혼자
   (남)　　　　　　　　(서명 또는 인)
   (여)　　　　　　　　(서명 또는 인)

입회인
   (남자측) : 주소
         성명　　　　　　(서명 또는 인)
   (여자측) : 주소
         성명　　　　　　(서명 또는 인)

※ 첨부 : 호적등본 1부
　　　　　건강진단서 1부

※ 민법 제808조의 규정에 의한 동의를 요하는 경우에는 입회인을 그 동의권자로 한다.

① 기독교식 약혼

기독교식으로 약혼을 하는 경우에는 목사가 주례 겸 사회자가 되어 식을 진행한다. 각 교파에 따라 약간의 차이는 있으나 대개는 다음과 같은 순서로 진행된다.

개식사 : 약혼식을 시작하겠다는 말을 하고 나면 성경 구절을 인용한 약혼의 중요성을 인식시키는 설교가 있다.

기도 : 결혼할 때까지 하나님의 뜻에 따라 살게 해달라는 기도를 한다.

문답 : 신랑 신부에게 묻는 것을 생략하고 성경 위에 두 사람의 손을 얹고 약속하는 의식으로 대신한다.

예물 교환 : 예물은 증표이므로 훗날 서로 약혼식 증표가 되도록 주고받는다. 일단 주례목사가 선물을 받아서 공개한 다음 신랑은 신부에게, 신부는 신랑에게 예물을 건네준다.

주례사 : 하나님의 뜻 가운데서 하나님의 자녀답게 살라는 부탁과 함께 결혼할 때까지 순결한 교제를 당부한다.

찬송 : 축하곡 1곡으로 하며 대개는 생략하기도 한다.

폐식사 : 사회자가 폐식을 선언하면 양가의 가족과 친척 등을 소개하고 음식 접대 등의 여흥은 임의대로 진행한다.

② 천주교식 약혼

<한국가톨릭지도서>에 "약혼은 혼배婚配를 하자는 계약이다."라고 규정하고 있

혼배 문서 서식

(신랑측) 주소	(신부측) 주소
(성 명) ○ ○ ○	(성 명) ○ ○ ○
년 월 일생	년 월 일생

위 두 사람은 혼배할 것을 서약합니다.
(위 두 사람은 문서를 쓸 줄 모르므로 증인이 대신 기입하고 서명 날인합니다.)
년 월 일

증 인(성명) ○ ○ ○ 인
증 인(성명) ○ ○ ○ 인
본 당 신 부 ○ ○ ○ 인

다. 천주교식 약혼은 두 당사자의 서명날인과 본당 신부나 감목, 또는 두 증인의 서명날인이 있는 문서를 가장 중요시하며, 교리에 따라 약혼자끼리의 육체관계나 동거를 절대로 금하고 있다.

③ 불교식 약혼

불교의 예규禮規인 <석문의범>에 약혼에 관한 언급이 없는 것으로 보아 일반적인 절차로 진행해도 무방하다는 의미로 해석된다. 그럼에도 꼭 불교식으로 하고 싶다면 스님을 초청하여 그분께 모든 절차를 일임하거나 가까운 사찰을 찾아 적당한 순서를 의논하여 시행하면 될 것이다.

3) 택일과 청첩장

결혼식을 치르기 위해서는 무엇보다 택일이 가장 중요하다. 약혼식을 하거나 신랑 집에서 사주가 오면 신부 집에서는 택일을 하여 혼인 날짜를 결정한다. 혼인 날짜를 정할 때는 역학을 하는 사람에게 부탁하기도 하며, 양가의 다른 대사 일정 등을 참고하여 정하고 있다. 또 예식장의 형편이나 당사자 간의 사정도 중요한 역할을 한다.

청첩장 양식

모시는 글

서로가 마주보면서 그동안 다져온 사랑을
이제는 한 곳을 함께 바라보며 걸어갈 수 있는
큰 사랑으로 키우고자 합니다.
저희 두 사람이 사랑의 이름으로 지켜나갈 수 있게
바쁘시겠지만 오셔서 앞날을 축복해 주시면 감사하겠습니다.

○○○ 씨 장남 ○○ 군
○○○ 씨 차녀 ○○ 양

▶ 장 소 : ○○ 예식장
▶ 일 시 : ○○○○년 ○월 ○일(음력 ○월 ○일)

예식장의 경우 종교가 있다면 절, 교회, 성당 등에서 할 수도 있으며 일반 예식장에서도 할 수 있다. 예식장을 선택할 때는 비용을 먼저 고려하며, 시간을 두고 예약하는 것이 좋다. 결혼식에 참석할 사람의 수를 미리 예측하여 적당한 공간에서 하도록 하며, 누구나 쉽게 찾아올 수 있도록 교통이 편한 곳을 택한다.

주례를 초빙할 때는 혼인 후에도 부부를 축하해 줄 수 있는 은사 등을 초빙하는 것이 좋다. 주례를 부탁할 때는 직접 찾아가는 것이 좋으며, 혼인 며칠 전쯤에 다시 가서 인사를 하는 것이 예의이다. 청첩장은 참된 마음으로 축복해 줄 수 있는 사람에게만 보내며, 혼인식 2~3주 전까지는 받아볼 수 있도록 시간적인 여유를 갖고 보내도록 한다.

4) 혼수와 함

혼수는 지역과 시대에 따라 조금씩 다르지만 일반적으로 신부 측에서 옷장, 이부자리, 그릇 등 생활에 필요한 것들을 혼수로 준비한다. 신부가 신랑 쪽에 보내는 예단은 비단 정도였으나 오늘날에는 신랑의 가까운 친척까지도 예단을 준비하는 경우가 적지 않아 가세가 넉넉하지 못한 가정에서는 큰 부담이 아닐 수 없다. 혼수는 여유가 있는 가정이라 하더라도 되도록 근검, 절약하여 꼭 필요한 것만을 준비하는 것이 가장 좋다.

혼인반지는 영구불변을 의미하는 금이 좋으며, 반지 안쪽에는 신랑과 신부의 이름, 혼인 날짜를 새겨 넣기도 한다. 고가의 다이아몬드 반지 등은 잃어버릴 수도 있고, 팔 때 손해를 볼 수도 있으므로 잘 생각해 보고 결정하는 것이 좋다.

함과 관련된 풍습은 과거와 크게 다르지 않은데, 요즘에는 간소화되어 함 대신 트렁크나 일반 가방을 이용하여 멜빵을 걸고 신부 집에 메고 들어가기도 한다. 함진아비 측과 신부 집 사이에서 흥을 돋기 위해 실랑이를 하기도 하는데, 이때 장난이 지나쳐 다치거나 감정을 상하게 하지 않도록 주의가 필요하다.

5) 결혼식

현대의 결혼식은 대부분 예식장에서 이루어지고 있는데, 과거에는 봄과 가을에 많이 했으나 요즘은 편리한 때에 하고 있다. 보통 주말에 예식을 하는 경우가 많았으나 요즘은 금요일 등의 평일 저녁에 하여 합리적인 결혼식을 하기도 한다.

예식장에서 하객의 자리는 특별히 정해져 있지 않으며, 하객석의 중앙이나 양쪽 등 신랑과 신부가 드나드는데 불편함이 없으면 된다. 예식장은 가능하면 교통편이 좋은 곳으로 하며 교회, 성당, 법당, 공회당, 각종 회관 등에서 하기도 한다.

예식을 진행하는 사회자는 진행만을 하는 것이 좋으며 지나치게 떠들거나 주례가 해야 할 말까지 하지 않도록 조심해야 한다. 식이 시작되기 전에 사회자는 주례 선생님께 미리 인사를 드리고 식의 진행에 차질이 없도록 준비해야 한다.

6) 결혼식의 순서

예식 시간이 되면 사회자는 "여러분, 곧 식을 거행하겠습니다. 자리에 앉아주십시오."라고 말한다. 신랑과 신부의 부모님 및 혼주는 앞자리에 앉으며, 장내가 정돈되면 주례가 올라온다. 사회자는 이를 모두 확인하고 "지금부터 신랑 OOO 군과 신부 OOO 양의 혼인식을 거행하겠습니다."라고 선언한다.

신랑이 입장하기 전에 양가의 어머니가 함께 화촉등방을 의미하는 촛불을 켜고 자리로 돌아가 앉는다. 다음으로 신랑이 입장하여 주례의 오른편에 서서 뒤로 돌아 신부 입장을 본다. 신부는 아버지 또는 집안 어른의 인도를 받아 들어오는데, 신부가 7~8보 정도 앞에 왔을 때 신랑은 단 아래로 내려가 신부의 아버지께 인사하고 신부의 손을 잡아 주례 앞으로 간다. 요즘은 신랑과 신부가 같이 입장하기도 한다.

이후 신랑과 신부가 맞절을 하고 서약을 한 뒤 준비된 예물을 서로 교환하는데 이는 생략될 수도 있다. 혼인이 원만하게 이루어졌다는 성혼 선언을 하면 예식장에 모인 모든 사람들은 결혼의 증인이 된다. 이후 주례사가 이어지고 축사나 축가 등이 계속되는데 이때 곡의 선택은 신중히 하도록 한다.

신랑과 신부가 하객에게 인사를 하고 퇴장한 후, 다시 돌아와 가족, 친지들과 함께 사진을 찍는다. 결혼식이 끝나면 예식장에 따로 마련된 폐백실에서 폐백을 드린다. 신랑과 신부는 대례복으로 갈아입고 신랑의 부모 및 시댁 친척들에게 절을 하는데, 신부를 생각해 여러 명이 한 번에 절을 받는 배려가 필요하다. 절을 마친 신랑과 신부가 자리에 앉으면 아들을 많이 낳으라는 의미로 시아버지가 대추를 신부의 치마폭에 던져준다.

성혼 선언문

이제 신랑 ○○○ 군과 신부 ○○○ 양은 그 일가친척과 친지를 모신 자리에서 일생 동안 고락을 함께할 부부가 되기를 굳게 맹세했습니다. 이에 주례는 이 혼인이 원만하게 이루어진 것을 여러 증인 앞에 엄숙하게 선포합니다.

○○○○년 ○월 ○일
주례 ○○○

7) 종교에 따른 결혼식

기독교식은 교회를 예식장으로 하며 주례는 목사가 한다. 주일은 예배를 드려야 하기 때문에 일요일에는 결혼식을 할 수 없으며, 예식 비용은 따로 받지 않지만 성의껏 헌금하도록 한다. 기독교식 결혼은 주례 입석, 신랑 신부 입장, 찬송, 성경 낭독, 기도, 성례문 낭독, 설교 또는 주례사, 서약, 예물 교환, 성혼 선언, 축가, 가족 대표 인사, 찬송, 축복 기도, 신랑 신부 인사 및 퇴장 등으로 이루어진다.

천주교식은 신부가 주례가 되어 성당에서 행해지는데, 신랑과 신부가 천주교 신자여야 가능하다. 결혼식은 엄격하게 이루어지며 이혼은 인정되지 않는다. 결혼식 전에 혼인 상담 지도를 받아야 하며, 이름, 세례명, 생년월일, 본적, 현주소가 기재된 혼인 신청서를 제출해야 한다. 본당 신부가 승낙하면 6개월 이내의 세례 증명서와 혼인 전 진술서를 작성한다. 서류 절차가 끝나면 혼배 미사를 게시판 또는 주보 등에 공고한다. 천주교식 결혼식은 입장식, 말씀의 전례, 혼례식, 신자들의 기도, 성찬의 전례(봉헌 기도, 감사송, 영성체송, 영성체 후 기도, 미사 끝 강복)로 끝나게 된다. 천주교 예식은 약 한 시간 가량 걸린다.

불교에서는 결혼식을 화혼식이라고도 하는데, 불교 신자가 아니어도 가능하며 비용도 저렴한 편이다. 주로 대웅전에서 거행되며 개식, 내빈 참석, 사혼자司婚者 등단, 신랑 신부 입장, 삼귀의례, 신랑 신부 불전에 경례, 경백문敬白文 낭독, 상견례, 헌화, 염주 수여, 유고諭告 및 선서, 독경, 폐식 등으로 이루어진다.

8) 결혼 축하

① 혼례용 꽃

신부의 면사포에 장식하거나 붙이는 꽃은 청량하고 상큼한 향기를 지닌 흰색 또는 오렌지꽃을 주로 쓴다. 오렌지꽃은 너그러움, 상냥함, 번영, 다산 등의 꽃말을 가지고 있어 신부에게 잘 어울리는 꽃이기 때문이다.

신부가 들고 가는 꽃다발 역시 흰색이 좋은데, 흰 장미부터 진저, 프리지아 같은 작은 꽃들을 주로 쓴다. 정해진 것은 아니기 때문에 계절에 따라 아름다운 꽃을 선택할 수 있다. 혼례식에서 꽃을 달 수 있는 사람은 신랑과 신부 그리고 양가 부모 및 주례로 한정되어 있으며, 가정의례준칙에 의해 화환이나 화분 등의 진열과 사용은 금지되고 있다. 그러나 적절하게 사용하면서 화환, 화분 외에 꽃바구니 등도 진열하고 있다.

② 축전

혼례식에 참여할 수 없을 때는 축전을 보내기도 하는데, 도착 시간을 미리 참고해서 보내는 것이 좋다. 축전의 경우 특별히 도안된 것으로 보내주기 때문에 더욱 편리하다.

③ 부조

선물, 돈 등을 보내서 축하의 뜻을 나타내는 것으로, 크기가 큰 선물을 보낼 때는 글자만 봉투에 넣고 물품을 따로 포장하면 된다. 돈을 보낼 때는 깨끗한 흰 종이에 싸고 단자(單子, 부조하는 물목을 기록한 것)를 써서 봉투에 넣어 보낸다. 단자 없이 봉투만 쓸 때는 봉투 앞쪽에 축하 문구를 쓰고 왼편 아래쪽에 목록을 적는다.

제3장

상례 喪禮

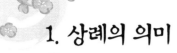

1. 상례의 의미

상례란 사망부터 매장 또는 화장을 거쳐 상주들이 상기를 마치고 기제를 지내기 전까지의 모든 절차를 의미한다. 상례의 세부 절차나 집행방법은 지역이나 신분에 따라 큰 차이를 보이는데, 현대에서는 대부분이 장의사가 이러한 절차를 도맡아 처리하고 있다.

장례는 3일장, 5일장, 7일장 등으로 기간에 따라 명칭을 붙이는데, 대부분 3일장을 치르고 있다. 사람이 죽는 것은 한 번이기 때문에 초初를 붙여 초상이라고 하며, 숨진 것을 알게 되면 가족들은 바로 상례를 준비하도록 한다.

사람은 누구나 태어나면 죽게 되지만 남아 있는 가족, 친척, 친지는 매우 슬프고 괴로운 시간을 보내게 된다. 그렇기 때문에 상례는 관혼상제 중에서 가장 까다롭고 복잡하며 다양한 이론을 가지고 있다. 우리나라의 상례는 중국의 <주자가례朱子家禮>를 바탕으로 이어져오고 있으며, 정성은 다하되 허례허식이 되지 않도록 해야 한다.

2. 상례의 변화

전통 상례에서는 사람이 죽고 매장하기까지 기간을 7월장葬, 5월장, 3월장, 유월장踰月葬 등이었기 때문에 짧아도 30일 이상이었다. 최근에는 3년상은 사라졌다고 볼 수 있으며, 보통 백일 정도에 탈상하는 것이 대부분이다. 일반적으로 3일장을 행하므로, 그 절차 역시 전통적인 상례를 따르는 것보다 고인에 대한 마음을 간직하는 것이 중요하다.

전통적인 상례에서는 임시 묘소라고 할 수 있는 초빈草殯에 모셨다가 다시 장례를 치렀지만 요즘은 즉시 매장해서 묘지를 조성하거나 화장해서 봉안당에 모신다. 또 과거에는 상여를 썼기 때문에 많은 인원이 필요했지만 요즘은 장의차가 있기 때문에 빠른 이동이 가능하다. 상복 역시 그 옷감과 방법이 각각 달랐기 때문에 복잡했지만, 요즘은 간편하게 상복을 입을 수 있어 합리적으로 변화하고 있다.

3. 현대 상례

유언 - 임종 - 사망진단 - 수시 - 상제 - 호상 - 발상 - 장례식의 방법과 절차 - 부고 - 염습 - 입관 - 영좌(=영궤) - 상복과 성복례 - 조문과 조사 - 장일과 장지 - 천광 - 횡대와 지석 - 발인제(=영결식) - 운구 - 하관과 성분 - 위령제와 첫 성묘 - 탈상의 순서로 진행된다.

1) 유언

임종이 가까워지면 가까운 가족들이 모여 남기고 싶은 말, 재산, 사업 등 유언자가 원하는 것들을 기록하거나 녹음하는 것이 유언遺言이다. 유언은 여러 사람이 지켜보는 데서 대신 받아쓰는 것이 가장 정확하다. 유언으로 인한 분쟁이 생길 수 있으므로 법에서 인정하는 유언을 알아두는 것이 중요하다. 유언장은 다음과 같은 일정한 방식으로 행해진 것만 효력이 인정된다.

첫 번째는 자필로 쓰는 방식으로, 유언자가 직접 내용, 작성 날짜, 주소, 이름을 쓰고 도장을 찍는 것이다. 고쳐 쓸 때는 변경된 내용을 따로 쓰고 도장을 찍어야 하므로, 대필이나 출력물은 인정되지 않는다. 두 번째는 녹음해 두는 방식으로, 유언자가 내용, 이름, 녹음 날짜 등을 말하고, 유언의 확증과 증인의 이름을 함께 녹음한다.

세 번째는 공증을 받는 방식으로, 두 명의 증인이 참여하고 공증인 앞에서 유언의 내용을 말하면 된다. 공증인은 유언 내용을 받아쓰고 낭독하여 확인하며, 유언자와 증인이 승인한 뒤 서명 및 날인을 하면 된다. 네 번째는 비밀증서에 의한 유언 방식으로, 유언장을 작성하여 봉투에 넣고 봉인을 찍은 뒤 두 명 이상의 증인에게 제출하여 유언장임을 표시한다. 봉투 겉면에 유언자와 증인이 각각 서명하고, 제출 날짜를 쓴 뒤 5일 이내에 공증인이나 법원 서기에게 확정일자 도장을 받는다.

다섯 번째는 병이나 사고 등으로 위와 같은 방식의 유언을 할 수 없을 때 쓰는 방식으로, 두 명 이상의 증인이 참여했을 때 유언을 하면 한 명이 받아쓰고 낭독한다. 다른 증인이 이를 확인한 뒤, 두 명의 증인이 각각 서명 및 날인을 하면 된다. 이때는 급박한 사유가 소멸되는 날부터 7일 이내 법원에 검인신청을 해야 한다.

이러한 다섯 가지 방법을 이용할 때 미성년자, 금치산자, 한정치산자 그리고 유언에 의해 이익을 받는 자나 배우자, 직계 혈족은 증인이 될 수 없다.

2) 임종

소생할 가망이 없는 병자를 임종할 수 있는 방에 옮긴 뒤, 병자의 머리를 동쪽으로 향하게 해서 방 북쪽에 눕힌다. 병자와 가족들 모두 새 옷으로 갈아입고 조용히 운명을 기다린다. 과거에는 남편과 부인은 서로 임종臨終을 보지 않기도 했지만, 현재는 가족들이 모두 모인 가운데서 운명하게 하는 것이 바람직하다.

3) 사망진단

임종하고 난 뒤에는 즉시 의사를 불러 사망을 확인하고 사망진단서를 받도록 한다. 사망진단서는 매장이나 화장 수속 그리고 사망신고 등에 필요한 서류이다.

4) 수시

사람이 운명하면 깨끗한 백지나 솜으로 코와 귀를 막는다. 눈은 감기고 입을 다물게 한 뒤 머리를 높게 하고 손발을 바르게 놓는다. 홑이불로 덮은 다음 준비한 탁자로 옮기고 병풍이나 장막으로 가린다. 그 앞에 고인의 사진을 모시고 촛불을 켠 후 향을 피우도록 한다.

5) 상제

운명한 사람의 배우자, 자녀, 손자와 손녀 등 직계비속은 모두 상제喪制가 된다. 상주는 장자가 되며 장자가 없는 경우에는 장손이 상주가 된다. 장자와 장손이 없을 때는 차자나 차손이 상주가 된다. 자손이 없을 때는 가장 가까운 친척이 상주가 될 수 있다. 상복을 입는 사람은 운명한 사람의 8촌 이내로 한다.

6) 호상

상중에는 호상소를 마련하여 상복을 입은 근친이 아닌, 친족이나 친지 중에서 상례에 대해 잘 알고 경험이 있는 사람을 호상護喪으로 골라 장례의 모든 일을 처리하도록 한다. 서기도 함께 선택해 조객의 명부, 부의록, 경비 출납 등을 기록하도록 한다.

7) 발상

수시가 끝나면 가족들은 검소한 옷으로 갈아입고 슬퍼하는데 이를 발상發喪이라고 한다. 과거에는 상제가 머리를 풀고 울기 시작하면서 초상난 것을 알리는 일을 의미하였으나 요즘에는 맨발이나 머리 풀기 등은 하지 않으며 곡은 삼간다. 장의사가 검은색 줄을 친 장막에 謹弔(근조, 남의 죽음에 대해 애도의 뜻을 표함.) 또는 忌中(기중)이라고 쓴 벽보를 대문 등에 붙여 초상을 알린다.

8) 장례식의 방법과 절차

가족장은 고인의 사회적 지위에 어울리는 장례식을 하도록 하고, 단체장은 해당 단체 기관과 상의한다. 다음으로 매장 또는 화장을 결정하고, 매장일 때는 묘지 장소, 화장일 때는 화장장을 결정하도록 한다. 출상 시기와 영결식 장소를 정하며, 장례식의 형태(전통식, 현대식, 종교식 등)도 정하도록 한다. 부고를 알릴 범위와 방법도 정하도록 한다.

9) 부고

부고訃告는 상이 났다는 것을 알리는 통지로, 장례식 일정과 장지가 결정되면 호상은 빠짐없이 부고를 내야 한다. 가까운 일가친척에게는 말이나 전화로 직접 전하며, 나머지는 호상의 지시에 따라 전한다. 요즘에는 신문에 게재하거나 아는 사람끼리 연락을 취하는 것이 일반적이다. 부고에 복인들의 이름을 쓸 때는 상주의 이름을 쓰고 다음에 고인의 배우자, 다른 아들, 며느리, 딸, 손자 등의 순서로 쓴다.

부고장

OO의 아버님 OOO께서 노환으로 O월 O일 O시에 별세하셔서 다음과 같이 장례를 모시게 되었기에 이에 아뢰옵니다.

- 영결식 일시 : OOOO년 O월 O일 오전 O시
- 영결식장 : OOOO
- 장지 : OOOO

OOOO년 O월 O일
호상 OOO 아룀

10) 염습

죽은 이의 몸을 씻기고 수의를 입혀 염포를 묶는 것을 염습殮襲이라고 한다. 죽은 이를 목욕시킨 물과 수건, 고인의 옷 등은 불에 태워서 땅에 묻으며, 수의는 입히기 쉽게 속옷과 겉옷을 겹쳐서 한 번에 입히도록 한다. 아래부터 위로 입히며, 옷고름은 매지 않고 단추도 채우지 않으며 옷깃은 산 사람과 반대로 입힌다.

11) 입관

사망한 다음 날 아침에 시신의 몸을 향나무나 쑥을 삶은 물로 깨끗하게 닦고 수의를 입히는 소렴小殮과 소렴한 다음 날 시신을 이불로 싸서 베를 묶는 대렴大殮이 끝나면 입관入棺을 하는데, 염습한 후 바로 입관하는 것이 좋으며 입관할 때는 관과 시신 사이의 공간을 백지나 마포로 채워 시신이 흔들리지 않도록 한다. 그런 다음 시신을 홑이불로 덮고 관 뚜껑을 덮은 후 나무로 만든 못을 박는다. 관상명정(棺上銘旌, 붉은 천에 흰 글씨로 고인의 관직이나 성명 등을 쓴 것)을 쓴 다음 장지로 싸고 노끈으로 묶는다.

12) 영좌

입관 후에는 병풍 및 포장으로 관을 가리고 영좌(靈座, 혼백을 모시는 자리)를 마련해 고인의 사진을 모신 뒤 촛불을 켜고 향을 피운다. 영좌의 오른편에는 명정을 만들어 세우고, 영좌 옆에는 탁자를 두고 술잔 및 과일 등을 차려 조석으로 분향한다. 고인이 자주 쓰던 물건들도 함께 차려둔다.

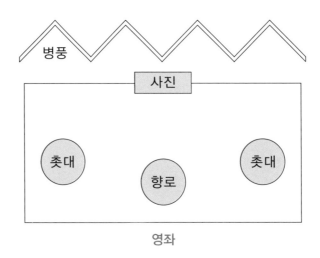

13) 상복과 성복례

상복을 한복으로 입을 때는 흰색이나 검정색으로, 양복으로 입을 때는 검정색으로 하되 왼쪽 가슴에 상장이나 흰 꽃을 달도록 한다. 상장은 삼베로 만들며, 상복이 흰색이면 검정색 상장, 검정색이면 흰색 상장을 다는 것이 일반적이다.

상복은 장례가 끝나는 날까지 입고, 상장을 다는 기간은 탈상까지로 한다. 이 기간에는 굴건제복(屈巾祭服, 전통 예법의 제복)은 착용하지 않는다.(가정의례준칙 제4조 제1항)

복인들이 상복을 입고 서로 복인이 되어 인사하는 것을 성복례成服禮라고 하는데, 이 절차가 끝난 후에 문상객을 받을 수 있다. 과거에는 대렴 다음 날인 사망한 뒤 나흘째 되는 날 성복례를 하였지만, 요즘에는 입관을 하면 즉시 성복례를 한다.

14) 조문과 조사

가정의례준칙에 의하면 조화, 주류 및 음식물 접대는 금지되어 있지만 사문화되어 있어 지켜지지 않고 있다. 전통적으로 우리나라에서는 가까운 사람들이 고인의 죽음을 슬퍼하며 상가를 찾아가 애도의 뜻을 표하고 음식을 대접하는 것은 미풍양속으로 전해져 왔다.

고인을 슬퍼하며 쓰는 글이 조사로, 시를 짓거나 신문과 잡지 등에 게재하기도 하고 우편 등으로 보내기도 했다. 글을 쓸 때는 돌아가신 이유를 잘 생각하여 슬픔을 표현하는 말과 위로의 말을 적절하게 사용하여 애도를 표하도록 한다.

＊만장輓章 : 고인의 죽음을 슬퍼하며 지은 글을 비단 및 종이에 써서 기를 만들어 상여 뒤를 따르게 하는 것으로, 가정의례준칙에 의해 금지사항으로 되어 있다.(가정의례준칙 제14조 제1항5)

만장의 예

인간 세상이 꿈같다고 말하지만,
그대 저승길 가는 것을 어떻게 참을 수 있을까.
상여 소리 울음소리 처량하구나!

15) 장일과 장지

장일葬日은 특별한 경우를 제외하면 가정의례준칙 제10조에 따라 사망한 날에서 3일이 되는 날로 한다. 전통적으로 장일은 짝수는 쓰지 않고 홀수를 쓰기 때문에 3일장, 5일장, 7일장으로 했으며 가세, 신분, 계급 등에 따라 장일을 정했다.

장지葬地는 가족묘지, 선산, 공동묘지 등을 이용하며, 화장을 해서 봉안당에 모시거나 수목장을 하기도 한다. 합장을 하는 경우에는 남자가 왼쪽에, 여자가 오른쪽에 가도록 한다. 장일과 장지 등을 정할 때는 어떤 방법을 택하더라도 마음을 다하는 것이 중요하며, 호화스럽거나 사치스럽게 하지 않도록 하다.

16) 천광

묏자리를 파는 것을 천광穿壙이라고 하는데, 1.5미터 깊이로 미리 파 두도록 한다. 술, 과일, 어포, 식혜 등으로 상을 차려 개토고사開土告辭를 읽으며, 일꾼들이 땅에 술을 뿌리고 토지신을 달래는 의례를 말로 하기도 한다.

개토식을 할 때는 묘소 왼편에 남향으로 제상을 차리고, 고사를 올리는 사람이 신위 앞에 북향하여 두 번 절하고 술을 부어 개토고사를 읽고 다시 두 번 절한다. 선산일 때는 조상 중 가장 가까운 분에게 제를 올린 뒤 장사하도록 한다.

> OOOO년 O월 O일 OOO는 감히 토지신에게 고합니다. 이제 OOO의 묘를 이곳에 마련하니 신께서 도우셔서 어려움이 없도록 해주시기 바라며 술과 포과를 올리니 흠향하옵소서.

17) 횡대와 지석

횡대橫帶는 나무판 또는 대나무로 만들어 관에 회가 닿지 않도록 하는 것이며, 지석誌石은 돌, 회벽돌, 사발, 질그릇 등에 글씨를 쓰거나 새겨서 후세에도 묘의 주인을 알 수 있도록 하는 것이다. 돌이나 벽돌의 경우 위쪽에 성명을,

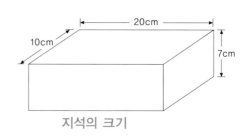

지석의 크기

앞쪽에 생년월일, 사망 연월일, 배우자 성명, 뒤쪽에 상주의 이름, 고인의 약력 등을 먹글씨로 쓰고 양각 또는 음각한다. 사발이나 질그릇의 경우, 안쪽에 본관 성명을 먹으로 기록하고 불로 말린 다음 재를 채워 엎어서 묻는다.

18) 발인제(=영결식)

영구가 상가 또는 장례식장을 떠나기 전에 영구와 영위를 작별하는 의식을 발인제發靷祭라고 한다. 발인제 때는 영구를 모시고 그 옆에 명정을 세우며, 제상에는 사진 또는 위패 등을 모시고 촛대, 향로, 향합 등을 준비한다. 고인이 잘 알려진 사람이라면 영결식을 조금 크게 행하는 것도 좋다.

발인제는 개식, 주상 및 상제들의 분향, 고인의 약력 소개, 조객 분향, 폐식 등으로 진행되며, 마지막 작별이기 때문에 특별한 곳에서 하는 경우도 있다. 개식은 호상이나 친지 중에서 주관하며, 향을 피우고 잔을 올린 뒤 상제들은 일제히 재배한다. 발인제 중 고인과 가까운 친지 한두 사람이 조사를 낭독하는 것도 가능하다. 의식이 끝나면 상가 또는 장례식장을 출발한다.

19) 운구

관을 나르는 것으로 요즘에는 대부분 영구차로 하고 있다. 특별한 경우에는 상여를 하기도 하는데, 이때도 사치스럽지 않도록 한다. 운구運柩를 할 때는 사진, 명정, 영구, 상제 및 조객의 순으로 행렬 순서를 정하며, 상여로 운구하던 때의 노제(路祭, 장지까지 가는 길에 고인의 친구 및 친척이 지내는 의식), 반우제返虞祭, 삼우제三虞祭 등은 가정의례준칙에는 지내지 않는 것으로 되어 있으나 지금은 지키지 않는 경우도 많다.

20) 하관과 성분

영구가 장지에 도착하면 묘역을 다시 살펴보고 하관下棺을 시작한다. 먼저 명정을 풀어 관 위에 덮고 상제들이 관 양쪽에 서서 재배한다. 하관 시간에 맞춰 결관을 풀고 영구를 반듯하게 한 뒤, 회 등을 덮고 묘역을 평평하게 한다. 그리고 준비한 지석을 오른쪽 아래편에 묻고 성분成墳한다.

하관할 때는 산폐(=폐백)를 드리기도 한다. 청색 실과 적색 실을 상주가 집사에게 주면 집사가 청색 실은 관의 동쪽 위에, 적색 실은 서쪽 아래에 놓고 상주가 재배한다.

21) 위령제와 첫 성묘

위령제는 가정의례준칙 제9조에 따른 것으로, 성분을 끝내고 무덤 앞으로 영좌를 옮긴 뒤 간소하게 제수를 차리고 분향, 잔 올리기, 축문 읽기, 배례 등의 순서로 지낸다. 화장인 경우에는 영좌를 유골함으로 대신한다.

집으로 돌아올 때는 혼백을 모셔온다는 뜻의 반우返虞는 다음과 같이 한다. 신주를 영여에 모시고 집사가 분향하여 술을 부으면 상제들은 오른편에 꿇어앉아 반혼고사返魂告辭를 읽은 다음, 모두가 곡을 한 뒤 재배하고 집으로 돌아온다.

첫 성묘는 장례를 지낸 지 3일 만에 가는데, 예전에는 성묘를 가기 전에 우제虞祭와 초우初虞를 지냈다. 우제는 혼백을 편안히 모시기 위한 것이며, 초우는 묘소에서 돌아온 날 저녁 혼백을 모시기 위한 것이다.

위령제의 축문 예

• 부모, 조부모의 경우

○○○○년 ○월 ○일

아들(또는 손자) ○○은 아버님(또는 할아버님) 영전에 삼가 고하나이다. 오늘 이곳에 유택을 마련하였사오니 고이 잠드시고 길이 명복을 누리옵소서.

• 부부의 경우

○○○○년 ○월 ○일

남편(또는 아내) ○○은 당신의 영 앞에 고합니다.

이곳에 유택을 마련하였으니 고이 잠드시고 길이 명복을 누리소서.

---

22) 탈상

부모, 조부모, 배우자의 경우, 사망한 날에서 백일까지, 기타의 경우에는 장일까지로 한다. 과거에는 첫날부터 만 2년 동안 상복을 입고 매월 초하루와 보름날 아침에 상식하고 명절에 차례를 지내며 소상과 대상의 제례를 지낸 후 가장 마지막에 올리는 절차가 탈상脫喪이었다.

탈상으로 상례 절차는 모두 끝나며, 고인은 유족과 친지들의 기억에 남아 해마다 돌아오는 기일에 추모하는 예를 받게 된다.

탈상제의 축문 예

> 아들(또는 손자) OO은 영전에 삼가 고하나이다. 세월은 덧없이 흘러 어느덧 상기를 마치게 되었사오니 애모하는 마음 더욱 간절하옵니다. 이에 간소한 제수를 드리오니 강림하시어 흠향하시옵소서.

4. 종교의 상례

종교에 따라 장례식의 형태는 조금씩 바뀌지만 대부분 비슷하다. 가장 다른 부분이 영결식 이후이므로 이 부분에 대해 알아본다.

1) 기독교 장례

영결식은 주례목사의 개식사를 시작으로, 찬송과 기도로 고인의 명복을 빌며 유족들을 위로한다. 다음으로 성경을 봉독하는데, 주로 고린도후서 5장 1절 또는 디모데전서 6장 7절을 낭독한다. 시편은 주로 90편을 읽으며, 신약은 요한복음 14장 1~3절 또는 데살로니가전서 4장 13~18절을 낭독한다. 다음으로 기도, 고인의 약력 보고, 주기도문 등의 순서를 거친 뒤에 출관한다.

하관식은 주례목사가 기도한 뒤 고린도전서 15장 51~58절까지 낭독한 뒤, 참석자 중 한 사람이 흙을 관에 던지면서 목사가 고인이 하나님께 다시 돌아감을 선언하는 선고를 행한다. 다음으로 명복을 비는 기도와 주기도문, 축도 등으로 끝난다.

아동의 영결식에서는 목사가 개식사를 한 뒤, 마가복음 10장 17절을 봉독하며 위안사를 함께 전하고 기도에 이어 출관한다. 하관식은 찬송과 기도에 이어 시23편 1~5절 또는 요한계시록 22장 1~5절을 봉독하고 주기도문과 축도로 마친다.

2) 천주교 장례

천주교 장례는 <성교예규 聖敎禮規>에 자세하게 되어 있는데, 운명할 때 하는 성사聖事를 종부終傅라고 하며, 병자가 의식이 있을 때 신부를 청해 종부성사를 받는다. 신부가 오면 고해성사를 하기 위해 상 위의 촛대에 불을 켜고 다른 사람은 물러나며, 고해성사가 끝나면 노자성체, 종부성사, 임종 전 대사 등의 순서로 진행한다.

운명 시에는 촛불을 밝히고 임종경을 외우거나 성모덕서도문 등을 읽는데, 숨이 멈춘 다음에도 한동안 계속한다. 운명하는 이의 마음이 불안하지 않게 주위에서 큰 소리로 울지 않는다.

운명한 뒤에는 깨끗한 옷을 입히고 얼굴을 매만지고 수족을 바르게 한다. 고인의 얼굴, 손, 발을 씻기고 성유聖油를 바르고 옷을 갈아입힌다. 손은 합장시켜서 묶거나 십자고상十字苦像을 잡게 한다. 상 위에는 백지 또는 백포를 깔고 그 위에 고상苦像, 촛대 두 개, 성수 그릇, 성수채, 맑은 물을 담을 작은 그릇 등을 준비한다.

운명한 뒤에는 미사예문을 올려 연미사(위령미사)를 드리며 장례일과 장지, 미사에 대한 시간을 신부와 의논하여 결정한다. 장례일이 결정되면 성당으로 영구를 옮기고 <성교예규>에 따라 입관, 출관, 행상하관 등을 한다. 천주교에서는 화장은 하지 않는다.

장례 후 3일, 7일, 30일에는 연미사를 드리고, 소기小忌와 대기大忌 때는 연미사와 가족의 고해 및 영성체를 한다. 이때 간단하게 음식을 대접하거나 묘소를 찾아떼를 입히거나 성묘하는 것도 무방하다.

3) 불교 장례

불교에서는 장례를 다비茶毘라고도 하는데, 의례 규범인 <석문의범釋文儀範>에따라 추도 의식의 순서대로 행한다. 임종부터 입관까지는 일반 장례와 거의 같으며, 영결식의 순서는 호상이 선언하는 개식, 주례승이 행하는 불법승佛法僧 삼보三寶에돌아가 의지한다는 예로써 불교의 어느 의식에서도 빠지지 않는 삼귀의례三歸依禮, 약력 보고, 부처의 가르침을 받아 고인의 영혼을 안정시키는 착어着語, 극락에 가서고이 잠들라는 뜻으로 주례승이 요령을 치며 혼을 부르는 창혼唱魂, 유지나 친지대표가 행하는 헌화獻花, 주례승과 참례자 모두가 고인의 영혼을 안정시키고 극락세계에 고이 잠들도록 하는 염불인 독경讀經, 추도사, 모두 함께 향을 피우며 애도하는 소향燒香, 모든 중생 제도를 맹세하고 원하며 또한 갖은 번뇌를 없앨 것을 원하며, 끝없는 법문을 배우기를 원하며 최고의 도를 이루기 위해 기원한다는 사홍서원四弘誓願 그리고 폐식 선언을 하면서 장례식은 끝난다.

불교에서는 거의 화장을 하며, 시신이 다 탈 때까지 염불을 한다. 다 타고난 뒤에는 법주法主가 흰 창호지에 유골을 받아 상제에게 주면, 쇄골鎖骨한 후에 절에 봉안하여 제사를 지낸다. 절에서는 사십구재四十九齋, 백재百齋, 3년상 등을 치르고, 3년상이 끝나면 봉안도의 사진을 떼어낸다. 이는 일반 상례에서 궤연을 철거하는 것과같다.

4) 천도교 장례

천도교에서는 사람의 죽음을 환원還元이라고 하며, 천도교 용어로 청수淸水를 봉전奉奠한 뒤에 가족 모두가 한울님께 고하는 기도인 심고心告를 하고 수렴한다.

운명한 뒤에는 정당正堂에 청수탁淸水卓을 설치하고 조문객들이 심고한 후 상주에게 조의를 표한다. 천도교의 직분이 있는 경우에는 교도의 호명인 도당호道堂號를 표시하며, 입관한 후 앞에서처럼 청수를 봉전하고 심고한다. 검정색 상복을 입고 성복식을 한 후에도 청수를 봉전하고 심고하며, 영결식을 자택에서 할 때는 운구식을 생략하고 발인 때 한다. 영결식의 순서는 개식, 청수봉전, 식사式辭, 심고, 주문呪文, 약력 보고, 위령문 낭독, 조사弔辭, 소향, 심고, 폐식 등이다.

상의 기간은 배우자의 부모와 부부인 경우 150일, 조부모, 숙부, 형제자매는 49일이다. 위령 기도는 사망한 날에서 7일, 31일, 49일 되는 날 행하며, 재계齋戒, 청수봉전, 심고, 주문, 심고, 폐식 등의 순서로 행한다.

사망 후 150일 되는 오후 9시에는 제복식除服式을 하는데 재계, 청수봉전, 제복, 식사, 심고, 주문, 추도사, 심고, 폐식 등으로 행한다.

제4장

제례 祭禮

1. 제례의 의미

　제례祭禮란 조상의 제사를 모시는 예로, 그 기본은 본인의 형편에 맞게 정갈하고 정성껏 지내는 것이다. 부모의 제일祭日을 기제忌祭라고 한다. 조상에 대한 제사는 원시 시대부터 지내왔으나, 우리가 행하고 있는 제례는 고려 때부터 정립되었다고 할 수 있다.

　고려 말엽, 정몽주는 제례규정을 제정했는데, 3품관 이상은 증조부모까지 3대(증조부모)를, 6품관 이상은 2대(조부모)를, 7품관 이하 서민들은 부모만 제사지내는 것으로 하였다. 조선 시대 '경국대전'에서는 3품관 이상은 4대를, 6품관 이상은 3대를, 7품관 이하 선비들은 2대를, 서민들은 부모만 제사지내는 것으로 하였다. 그러나 기제사의 경우 5대조까지, 권문명가들은 8대조까지도 모셨지만, 현대의 가정의례준칙(18조)에 의하면 제주로부터 2대조까지만 기제를 지내는 것으로 한다.

　제사를 드리는 시간은 돌아가신 전날 자정이 지난 약 새벽 1시에 엄숙하게 드리는 것이 좋으며, 보통 제주의 가정에서 대청 또는 방 한 곳에 제상을 차린다. 특별한 지위를 가지고 있거나 사회적인 기제일 때는 다른 장소를 찾아 올린다.

　제주는 고인의 장자 또는 장손이 되며, 모두 없을 경우에는 차자 또는 차손이 제사를 주관한다. 상처를 한 경우는 남편이나 그 자손이, 자손이 없는 경우는 아내가 제주가 되기도 한다. 참례자는 고인의 직계자손으로 하며, 가까운 친척이나 친지도 참례할 수 있다. 여건이 안 되어 참례할 수 없을 때는 있는 곳에서 묵념으로 고인을 추모한다.

2. 제구와 제기

1) 제구

제구祭具는 제례를 올릴 때 필요한 기구로, 제례 이외에는 사용하지 않는다.

① 병풍屏風 : 화려하거나 경사와 관련된 문구 및 그림이 있는 것은 피한다.

② 교의交椅 : 신주나 위패를 놓아두는 의자로 제상이 높으면 교의도 높아야 한다. 요즘은 신의를 제상에 봉안하여 없어도 무방하다.

③ 향안香案 : 향로, 향합, 모사 그릇을 올려놓는 작은 상으로, 향상이라고도 한다.

④ 신위판神位板 : 지방을 붙이는데 쓰며, 나무로 만들어 제상에 놓거나 액자 모양으로 만들어도 된다.

⑤ 제상祭床 : 가로 1.2미터, 세로 0.8미터 정도의 크기가 적당하며, 일반 교자상을 사용해도 된다.

⑥ 주가酒架 : 주전자, 물병 등을 올려놓는 작은 상이다.

⑦ 소탁小卓 : 신위를 봉안하기 전에 임시로 올려놓는 작은 상이다.

⑧ 소반小盤 : 제사 음식을 나를 때 사용하는 작은 상 겸 쟁반이다.

⑨ 촛대[燭臺] : 좌우에 둘 수 있도록 한 쌍을 준비한다.

⑩ 향로香爐 : 향을 피울 수 있는 작은 화로이다.

⑪ 향합香盒 : 향을 담아두는 그릇이다.

⑫ 축판祝板 : 축문을 끼울 때 쓰며 뚜껑이 붙어 있는 판이다. 결재판이나 흰 봉투도 가능하다.

⑬ 돗자리 : 집안에서는 한 개로 충분하며, 묘지에서는 넉넉하게 준비한다.

⑭ 지필묵연함紙筆墨硯函 : 축문, 지방 등을 쓸 때 필요한 한지, 붓, 먹, 벼루를 담아두는 함이다.

＊교의, 신주, 주독, 축판, 소탁 등은 요즘 일반 가정에서는 사용하지 않는다.

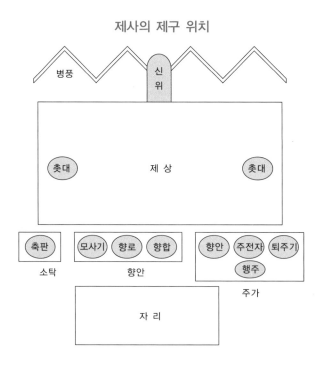

제사의 제구 위치

2) 제기

제기祭器는 제례를 올릴 때 필요한 그릇으로 목기나 유기를 함께 사용한다. 둥근 접시에는 과일, 나물, 전 등을 담으며, 사각 접시에는 떡, 적, 포, 조기 등을 담는다.

① 시접匙楪 : 수저를 담는 그릇으로 대접과 비슷한 모양이다.

② 모사기茅沙器 : 제사 때 향로 옆에 놓는 그릇으로, 모래를 담아 가운데에 띠풀로 엮은 묶음을 꽂고 그 위에 술을 붓는데 사용된다.

③ 준항罇缸 : 술을 담는 항아리이다.

④ 탕기湯器 : 국이나 찌개를 담아놓는 작은 그릇이다.

⑤ 두豆 : 김치, 젓갈을 담는 그릇으로, 굽이 높고 받침대가 있으며 뚜껑이 있다.

⑥ 병태 : 떡을 담아놓는 것으로 위판이 사각형인 그릇이다.

⑦ 준작罇勺 : 술을 따르는 그릇과 기구이다.

⑧ 주발周鉢 : 위가 벌어져 있으며 밥을 담는 그릇이다.

⑨ 조俎 : 고기를 담아놓는 직사각형 모양의 그릇이다.

⑩ 퇴주기退酒器 : 제사를 올린 술잔을 물려 담는 그릇이다.

⑪ 변籩 : 과실을 담는 그릇으로 굽을 높게 만든다.

⑫ 술병 : 자기로 만들어진 것으로 목이 긴 것이 좋다.

3. 제수의 종류

제수는 크게 두 가지 뜻으로 나뉠 수 있다. 한자로 제수祭需라고 쓰면 제사에 필요한 음식을 만들 재료와 비용을 의미하며, 제수祭羞라고 쓰면 제상에 올릴 수 있는 조리가 끝난 음식을 의미한다. 제수祭羞의 종류는 전통적으로 다음과 같은 것들이 있다.

① 초첩醋楪 : 순수한 식초를 종지에 담아 올리는 것이다.

② 반飯 : 메, 밥이라고도 하는 제삿밥으로, 신위 수대로 주발 식기에 잘 담아 뚜껑을 덮어둔다.

③ 갱羹 : 제사에 올리는 국으로, 신위 수대로 대접이나 주발에 담아 뚜껑을 덮어둔다. 소고기, 무를 납작하게 썰어서 함께 끓이고, 고춧가루, 마늘, 파 등은 넣지 않는다.

④ 면麵 : 제사에 올리는 국수로, 삶아서 건더기만 건져 그릇에 담은 뒤 계란 노른자를 부쳐 네모나게 썰어서 고명으로 얹기도 한다. 면을 올릴 때는 떡도 함께 올리는데, 면과 떡은 반드시 함께 올려야 한다. 예전에는 밥 외에 면도 올렸지만 요즘은 생략하는 경우가 많다.

⑤ 편䭀 : 화려한 색의 떡은 피하며, 팥도 껍질을 벗겨 가능하면 흰색이 나오도록 한다. 시루떡은 네모난 접시에 보기 좋게 올리고, 찹쌀가루로 빚어 기름에 튀긴 뒤 꿀이나 조청을 바른 웃기를 얹는다.

⑥ 편청 : 떡을 찍어먹을 수 있는 꿀, 조청 등으로, 떡 그릇 수에 맞춰 올린다.

⑦ 탕湯 : 오늘날의 찌개로, 기제사에는 3가지, 생일 등의 큰 제례에는 5가지를 올린다. 갱과 마찬가지로 고춧가루 등의 조미료는 사용하지 않으며, 탕기에 담고 그 위에 다시마를 잘 썰어 십자 모양으로 덮기도 한다.

 - 육탕肉湯 : 소고기의 건더기만 탕기에 담고 뚜껑을 덮어둔다.

 - 어탕漁湯 : 생선찌개의 건더기만 탕기에 담고 뚜껑을 덮어둔다.

 - 계탕鷄湯 : 봉탕鳳湯이라고도 하며, 닭 찌개의 건더기만 탕기에 담고 뚜껑을 덮어둔다.

⑧ 전煎 : 기름에 튀기거나 부친 것이다. 아래 나오는 적炙과 함께 수를 세서 홀수가 되는 그릇 수로 올리는데, 전만 올리면 짝수가 된다. 기제사에서는

전이라고 하며, 큰 제례에서는 간남看南이라고 하여 수육, 육회, 어회 등을 모두 접시에 담는다.

⑨ 적炙 : 제수 중 특식에 속하는 것으로 구운 것을 말한다. 육적, 어적, 계적(꿩) 등 세 가지를 올리는데, 술을 올릴 때마다 바꾸어 올린다. 고인이 좋아하던 음식을 올리고 싶을 때는 적 외에 기호 식품으로 할 수도 있으며 꼭 전통적일 필요는 없다.

⑩ 적염炙鹽 : 적을 찍어 먹는 소금으로, 접시 또는 종지 등에 담아 하나만 올린다.

⑪ 초장醋醬 : 초간장이나 간장 등에 식초를 탄 것으로, 육전을 올릴 때 함께 올린다. 어회를 올릴 때는 개자介子를 어회와 함께 올리도록 한다.

⑫ 포脯 : 고기 등을 말린 육포 생선의 껍질을 벗겨 말린 것, 문어나 마른 오징어 등의 마른안주로, 네모난 접시에 담는다.

⑬ 해醢 : 생선 젓갈로 대부분 소금에 절인 조기를 쓴다. 약식으로 하는 차례에서는 잘 쓰지 않는다.

⑭ 혜醯 : 식혜 건더기를 접시에 담고 잣을 얹는데, 차례에서 생선젓 대신 올린다.

⑮ 숙채熟菜 : 익힌 나물로 한 접시에 고사리, 도라지, 배추나물 등 삼색 나물을 곁들여서 담는다.

⑯ 침채沈菜 : 고춧가루를 쓰지 않은 물김치 또는 희게 담근 나박김치를 보시기에 담아 올린다.

⑰ 청장淸醬 : 순수한 간장으로 종지에 담아서 올린다.

⑱ 과실果實 : 나무에서 따는 과일과 곡식을 익혀서 만든 다식을 올린다. 그릇 수는 짝수로 올려야 하기 때문에 2, 4, 6, 8개의 접시로 올리도록 한다. 깨끗이 씻고 잘 손질해서 보기 좋게 올리도록 한다.

⑲ 술 : 약주, 청주 등 맑게 담근 술을 병에 담고 마개를 막는다. 양은 신위수를 곱한 4잔 정도로 하는 것이 좋다.

⑳ 현주玄酒 : 첫새벽에 아무도 떠가지 않은 우물에서 떠온 정화수를 말하며 병에 담아 올린다.

㉑ 다茶 : 숭늉이라고도 하는데 일반적인 숭늉의 형태는 아니며 맹물에 밥 몇 알을 풀어놓은 것이다. 중국은 우리나라와 달리 엽차를 올렸다.

4. 제수 조리법

① 복숭아와 꽁치, 삼치, 갈치 등 '치' 로 끝나는 생선은 사용하지 않는다.

② 고춧가루와 마늘 양념은 하지 않는다.

③ 식혜와 탕, 면은 건더기만 사용한다.

④ 제수를 장만할 때는 몸과 마음을 정갈하게 하여 조리해야 한다.

⑤ 소탕素湯 : 두부를 1센티미터 두께로 썰어서 네모로 자른다. 다시마는 마른 헝겊으로 깨끗이 닦아서 냄비에 넣고 물 5컵을 부어서 끓이다가 다시마를 건져내고 간장으로 간을 맞춘다. 건진 다시마는 사방 3센티미터 크기로 썰어둔다. 다시마 국물에 두부를 넣고 끓어오르면 다시마를 위에 얹고 다시 한소끔 끓인 후 불을 끈다.

⑥ 어탕魚湯 : 조기나 민어, 상어는 비늘을 긁어내고 내장을 완전히 뺀 다음 깨끗이 씻어서 4센티미터 크기로 토막을 낸다. 다시마는 마른 헝겊으로 깨끗이 닦아서 냄비에 넣고 물 5컵을 부어서 5분 정도 끓이다가 다시마는 건져내고 간장으로 간을 맞춘 후 준비한 생선을 넣고 10분 정도 끓인다. 건진 다시마는 사방 3센티미터 크기로 썰어서 냄비에 넣고 한소끔 끓인 후 불을 끈다. 탕기에 생선과 국물을 담고 위에 다시마를 곁들인다.

⑦ 소고기적 : 소고기를 1센티미터 두께로 넓적하게 포를 떠서 칼집을 내어 고기를 부드럽게 손질한 후 큰 그릇에 담아 간장, 설탕, 깨소금, 청주, 참기름 등 갖은 양념에 1시간 정도 재여 놓았다가 석쇠에 굽는다.

⑧ 두부적 : 두부를 1센티미터 두께로 썰어 소금을 약간 뿌려 간을 맞추고, 프라이팬에 식용유를 두르고 약한 불에서 지져낸다.

⑨ 조기구이 : 조기를 깨끗이 손질하여 소금을 뿌려 간을 해둔다. 조기의 물기가 빠져 건조해지면 프라이팬에서 잘 구워낸다.

⑩ 동태전 : 동태를 깨끗하게 손질한 다음 껍질을 벗기고 넓적하게 포를 뜬 다음 소금과 후추로 밑간을 해놓는다. 생선에 밀가루와 달걀물을 묻힌 후 프라이팬에 식용유를 넉넉히 두르고 약한 불에서 지져낸다.

5. 제수의 진설

1) 진설의 기본 원칙

제사 때 음식을 법식에 따라 차려놓는 것을 진설陣設이라고 하는데, 지방과 가문 그리고 학자들에 따라 조금씩 다르다. 다음의 내용은 진설법 중 가장 보편적인 것으로, 기본적인 제수를 중심으로 설명하였다.

제사를 지내기 하루 전에는 몸과 마음은 물론 집 안팎을 깨끗하게 청소하고 제상을 차린다. 제청의 서북쪽 벽 아래 남향으로 고서비동(아버지 신위는 서쪽, 어머니 신위는 동쪽)이 되게 한다. <가례>에는 기일에 해당하는 신위만 모시는 것으로 하고 있으나 <속례>로는 일반적으로 조상을 함께 모신다. 제상 앞에는 향안을 앞으로 놓고, 그 위에 향로와 향합을, 모사기는 그 앞에 놓는다. 향안 왼쪽에는 축판을 두고 오른쪽에는 술과 퇴주 그릇을 놓는다.

제수를 진설할 때는 기본적인 원칙이 있다. '좌서우동'은 신위를 모신 쪽이 북쪽이 되고 영위를 향해서는 우측이 동쪽, 좌측이 서쪽이 되는 것이다. '어동육서魚東肉西'는 생선은 동쪽, 고기는 서쪽에 두는 것으로, 세 가지 탕을 올릴 때는 동쪽부터 어탕, 계탕, 육탕 순서로 놓는다. '이서위상'은 신위를 향했을 때 좌측이 항상 상위가 되는 것으로, 지방을 붙일 때 아버지를 서쪽에 붙이는 이유가 바로 이것이다.

'홍동백서紅東白西'는 붉은색 과일은 동쪽, 흰색 과일은 서쪽에 진설하는 것으로, 대추가 가장 오른쪽이고 밤은 왼쪽에 올리게 된다. '좌포우혜左脯右醯'는 포를 왼쪽에, 식혜를 오른쪽에 두는 것이다. '두동미서頭東尾西'는 생선의 머리는 동쪽, 꼬리는 서쪽으로 향하도록 하는 것이며, '남좌여우男左女右'는 남자는 좌측, 여자는 우측에 모시는 것을 의미한다.

이밖에도 과실 중에서 복숭아는 쓰지 않으며, 생선 중에서는 멸치, 갈치, 꽁치, 삼치 등 '치'로 끝나는 생선은 쓰지 않는다. 또한 제사 음식은 자극적인 맛이나 현란한 색은 피하는 것이 좋으며, 위에 언급한 것처럼 고춧가루와 마늘은 사용하지 않는다. 설에는 메(밥) 대신 떡국을 올리며, 추석 때는 메 대신 송편을 놓기도 한다.

수저를 꽂을 때는 패인 곳을 제주의 동쪽으로 메를 담은 그릇의 한복판에 꽂도록 한다. 두 분을 모시기 위해 양위를 합체할 때는 밥, 국, 수저를 각각 두 벌씩 놓는다.

대추나 밤은 씨의 수에 따라 그 의미가 다른 것으로 알려져 있다, 씨가 한 개인 대추는 왕, 씨가 세 개인 밤은 삼정승, 씨가 여섯 개인 감은 육방관속, 씨가 여덟 개인 배는 관찰사를 뜻한다.

2) 진설하는 순서

맨 앞줄에는 과실이나 조과(造菓, 유밀과, 산자, 약과 등)를 진설한다. 진설자의 왼쪽부터 조율이시棗栗梨柿, 즉 대추, 밤, 배, 감(곶감)의 순서이다. 호두 또는 망과류(포도, 머루, 다래 등의 넝쿨과일)를 놓으며 끝 쪽에는 조과류를 진설한다. 홍동백서紅東白西에 따라 진설하되 그 가운데 조과류를 진설한다.

둘째 줄에는 반찬류를 진설하는데, 좌포우혜에 따라 왼쪽에 북어포, 대구포, 오징어포, 문어포를, 오른쪽에 식혜를 놓는다. 콩나물, 숙주나물, 무나물 등은 중간에 놓는데, 고사리나물이나 도라지나물을 쓰기도 한다. 청장과 침채는 그 다음에 진설한다.

세 번째 줄에는 탕을 진설하는데, 어동육서魚東肉西에 따라 물고기탕은 동쪽인 오른쪽에, 육류탕은 서쪽인 왼쪽에 놓는다. 가운데에는 채소, 두부 등으로 준비한 소탕을 진설하고, 단탕, 삼탕, 오탕 등 홀수로 두어야 한다.

네 번째 줄에는 적과 전을 진설하는데, 어동육서에 따라 어류를 동쪽에 육류를 서쪽에 올리고 가운데에 두부와 채류를 둔다. 또 두동미서頭東尾西에 따라 어류의 머리는 동쪽, 꼬리는 서쪽에 가도록 한다.

다섯 번째 줄에는 메, 갱, 잔을 놓는데, 메는 오른쪽, 갱은 왼쪽, 잔은 메와 갱 사이에 올린다. 단위제의 경우 시저는 메의 왼쪽, 양위 합제의 경우에는 고위의 갱 옆에 둔다. 면은 왼쪽 끝, 편은 오른쪽 끝에 올리고, 조청과 꿀 등의 청은 편의 왼쪽에 둔다.

향로와 향합을 올려놓는 향안에는 축판을 함께 올려두며, 향안 밑에 모사기, 퇴줏그릇, 제주 주전자 등을 놓는다.

＊진설하는 순서는 조금씩 다르기 때문에 가풍에 따르는 것이 일반적이다.

옛날의 제상 차림

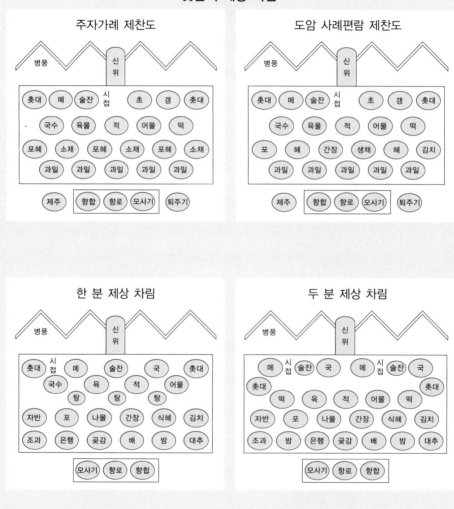

주자가례 제찬도

병풍 · 신위

촛대	메	술잔	시접	초	갱	촛대
국수	육물	적	어물	떡
포혜	소채	포혜	소채	포혜	소채
과일	과일	과일	과일	과일

제주 | 향합 | 향로 | 모사기 | 퇴주기

도암 사례편람 제찬도

병풍 · 신위

촛대	메	술잔	시접	초	갱	촛대
국수	육물	적	어물	떡
포	혜	간장	생채	혜	김치
과일	과일	과일	과일	과일

제주 | 향합 | 향로 | 모사기 | 퇴주기

한 분 제상 차림

병풍 · 신위

촛대	시접	메	술잔	국	촛대
국수	육	적	어물
탕	탕	탕
자반	포	나물	간장	식혜	김치
조과	은행	곶감	배	밤	대추

모사기 | 향로 | 향합

두 분 제상 차림

병풍 · 신위

메	시접	술잔	국	메	시접	술잔	국
촛대	떡	육	적	어물	떡	촛대
자반	포	나물	간장	식혜	김치
조과	밤	은행	곶감	배	밤	대추

모사기 | 향로 | 향합

6. 현대 제례

고려 시대나 조선 시대에는 신분에 따라 제사를 지낼 수 있는 조상이 제한되었지만, 1894년 갑오경장으로 신분 제도가 철폐되면서 누구나 고조부모까지 4대 봉사를 할 수 있게 되었다. 조상의 신위를 사당에 모시는 종가에서는 기제사와 묘제를 비롯하여 삭망, 속절시식, 사시제 등 한 해에 47회의 제사를 지내기도 했다. 그러나 가족이 지역 곳곳에 흩어져 사는 현대에는 이렇게 많은 횟수의 제사를 지내는 것이 복잡하다. 조상을 공경하는 마음과 효도하는 마음은 존중하되, 복잡한 격식과 절차 그리고 사치스러운 의식은 지향하는 것이 좋다.

1973년 5월 대통령령으로 정부는 <가정의례준칙>을 제정하여 혼례, 상례, 제례 등의 전반적인 절차와 내용을 규정하였다. 이후 1980년 12월 <가정의례에 관한 법률>이 제정되면서 여러 번 개정되었고, 현재 <가정의례준칙>으로 확정되면서 지금까지 시행되고 있다. 현대의 제례는 <가정의례준칙>을 중심으로 설명하도록 한다.

1) 제사의 종류

기제사, 묘제사, 절제사(원단元旦, 추석 등) 등이 있으며, 가족 및 친지와 함께 지인들이 참여하는 추도식과 위령제가 있다.

2) 봉사의 범위

기제사와 묘제사는 조부모와 부모의 2대 봉사를 원칙으로 하며, 제주가 승인한 조상이나 자손이 없는 조상은 제주 당대에만 모시는 것으로 한다. 원단, 추석, 중구重九에는 직계 조상을 대상으로 봉사한다. 그러나 일부는 아직도 전통 제례대로 4대 봉사를 하는 경우가 많다.

<가정의례준칙>에서 절제사의 대상에서 대의 수를 명시하지 않은 것이나 같은 명절 차례인데도 절제사와 연시제 등으로 구분한 것은 모순적인 부분이기 때문에 개정이 필요하다.

3) 제사 절차

모든 제사는 고인이 생전에 좋아하던 간소한 음식을 진설하고 공화供花로 제물을 대신할 수 있다. 또 모든 제례 절차는 단헌單獻, 단배單拜하고 묵념 후 다시 단배하는 것으로 하며, 추도문 또는 축문을 읽는다. 제복은 평상복으로 하며, 모든 신주는 폐지하고 사진으로 대신한다. 참가자는 직계 자손으로 한정한다.

가정의례준칙에 의한 제수 차리기는 다음과 같다.

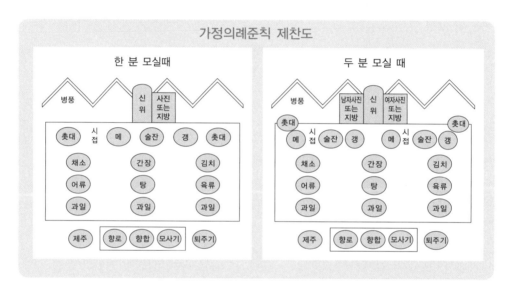

그러나 이러한 제사 절차는 이견이 많다. 평소의 간소한 음식으로 제수를 준비한다는 것은 제사의 엄숙한 풍습을 저버리는 것이며, 참가자는 직계 자손이 아닌 누구나 원하는 사람이라면 참여할 수 있어야 한다는 것이다. 전통 예법이 허용하는 바를 가정의례준칙에서 제한한다는 것에 대한 한계이기도 하다.

4) 제삿날과 시간

<가정의례준칙>에 의하면 '기제사의 일시는 기일의 일몰 후에 지낸다.' 라고 되어 있다. 예서禮書에서 기제사는 고인이 돌아가신 날 먼동이 틀 때 시작해서 밝을 때 끝내는 것으로 되어 있는데, 우리나라에서는 새벽에 지내는 것이 일반적이었다. 그러나 과거 통행금지, 주거 환경적인 이유로 인해 초저녁에 제사를 지내면서 제사의 시간에 대한 인식이 많이 바뀌게 되었다.

돌아가신 전날이 제사라고 생각해서 돌아가신 전날 초저녁에 지내는 경우도 있는데, 이것은 제사 음식을 전날에 한 데서 온 것이라고 할 수 있다. 음식 장만은 전날 했지만 실제 제사를 지내는 시간은 다음 날, 즉 돌아가신 날의 새벽이기 때문이다. 기일忌日은 돌아가신 날을 의미하기 때문에 초저녁에 제사를 지내려면 돌아가신 날 일몰부터 자정이 되기 이전에 지내야 한다.

5) 지방과 축문

기제사, 설, 추석 등에 필요한 지방紙榜은 종이로 만든 신주로, 신주가 없을 때 지방을 써서 봉안할 수 있다. 지방은 정해진 규격이 없기 때문에 봉투처럼 접어서 쓰거나 잘라 쓰기도 한다. 전통적으로는 깨끗한 한지를 가로 6센티미터, 세로 22센티미터정도로 잘라서 만드는데, 위쪽을 둥글게 자른다.

지방은 한자로 쓰며 붓글씨로 쓰는 것이 한글로 쓰는 것보다 좋다. 물론 한글로 지방이나 축문을 쓰는 경우도 많은데, 한글로 쓸 때는 한문을 한글로 표기하기도 하고 그 뜻을 풀어서 쓰기도 한다. 한글로 쓸 때는 연월일과 연호를 모두 양력으로 쓸 수 있다.

지방을 쓸 때 조상이 남자일 경우에는 왼쪽, 비위妣位인 여자 조상의 경우 오른쪽에 써서 나란히 오도록 한다. 배위配位가 두 분이거나 세 분이면 처음을 고위考位부터 써서 왼쪽에서 오른쪽으로 써나간다.

관직이 없을 때는 '학생'이라고 쓰고, 관직이 있을 때 비위는 관직명에 따라 봉한 명칭을 쓰도록 한다. 또 고위는 성을 쓰지 않으나 비위는 성을 쓰기도 한다. 동생과 아들의 경우, '학생' 대신 '자사自士' 또는 '수재秀才'라고 쓴다.

요즘에는 남자의 지방을 쓸 때는 의례적으로 '학생부군學生府君'이라고 쓰는데, 이것은 잘못된 쓰임이다. 조선 시대에서 '학생'은 과거 시험을 준비하는 예비 관원을 통틀어서 하는 말이기 때문이다.

지금도 생전에 관직에 있었을 경우 지방에는 관직명을 쓰며, 기업이나 단체에서의 직함도 쓸 수 있다. 관직을 쓸 때는 너무 길게 나열하는 것보다는 대표적인 직함 하나만을 쓰는 것이 좋다. 석사, 박사 등의 학위를 쓰는 것도 괜찮으며, 여성의 경우에도 생전의 관직, 사회적 직함, 학위 등을 쓸 수 있다.

＊한글식 시제 축문 예

서기 〇〇〇〇년 〇〇월 〇〇일 효자 교장 〇〇은 삼가 높으신 아버님 군청장 어른과 높으신 어머님께 말씀드립니다. 세월이 흘러 동지의 때가 되니 계절과 함께 추념하고 감동되어 사모하는 마음을 금할 수 없습니다. 이에 깨끗한 여러 음식을 갖추어 공손히 정기의 제향을 올리오니 흠향하시기 바랍니다.

한글식 지방 쓰는 법

현고 학생부군 신위	현비 유인 전주 이씨 신위	높으신 아버님 밀양군수어른 신위	높으신 어머님 문학사청송심씨 신위	높으신 아버지 신위	높으신 어머니 신위	아버님 신위	어머님 신위

지방 쓰는 법

고조부모		증조부모		조부모		부모		백부, 형		남편, 아내	
顯高祖考學生府君神位	顯高祖妣孺人淸州韓氏神位	顯曾祖考學生府君神位	顯曾祖妣孺人安東金氏神位	顯祖考學生府君神位	顯祖妣孺人潭陽田氏神位	顯考學生府君神位	顯妣孺人東萊鄭氏神位	顯伯父學生府君神位	顯兄學生府君神位	顯辟學生府君神位	亡室孺人慶州金氏神位

6) 차례

차례는 명절 때 조상께 올리는 제사로, 간소하게 하는 예라고 할 수 있다. 차례는 명절 때 지내는 속절제俗節祭로, 지방에 따라 다르지만 정월 초하룻날인 설날과 추석에 지내는 것이 관례처럼 되어 있다.

과거에는 정초에 차례를 지낼 때 밤중제사 또는 중반제사라고 하였는데, 종가에서는 섣달 그믐날 밤에 제물과 떡을 차려 놓고 재배, 헌작, 재배 등을 하였다. 초하룻날 아침에는 다시 차남 이하의 자손들이 모두 모여 메를 올리고 차례를 지냈다. 모시는 조상은 고조부모부터 증조부모, 조부모, 부모의 4대까지였으나 <가정의례준칙>에 의해 현재는 조부모와 부모 2대만 제사를 지낸다.

차례는 사당과 밀접한 관련이 있는데, 정원, 동지, 보름, 매월 초하루에 술잔 대신 차를 올리는 데에서 유래되었다고 전해진다. 그러나 사당이 거의 사라지면서 간단한 차례가 명절 제사로 바뀌었다.

명절의 차례와 다른 차례의 차이는 헌작이 한 번이고 축문을 읽지 않는다는 점이다. 차례는 윗대부터 차례를 모시는 신위봉안神位奉安, 제주가 읍한 자세로 꿇어앉아 세 번 향을 사르고 재배하는 분향焚香, 제주가 읍한 상태로 꿇어앉고 집사가 따라준 강신 잔의 술을 모사기에 세 번 나누어 붓고 재배하는 강신降神, 제주 이하 남자는 2번, 여자는 4번 절하는 참신參神, 갓 준비한 제물을 윗대부터 차례로 올리는 진찬進饌, 윗대 신위부터 제주가 차례대로 술을 따르는 헌작獻酌, 7~8분 정도 조용하게 서 있다가 주부가 뒷대부터 차례대로 수저를 내리고 시접에 담는 낙시저落匙箸, 남자는 2번, 여자는 4번 절하는 사신辭神, 본래 위치로 신위를 모시고 지방을 사용했을 때는 태워서 재를 향로에 담는 납주納主, 제상에서 음식을 뒤에서부터 내리는 철상撤床, 제사 지낸 음식을 나누어 먹으며 조상의 덕을 기리는 음복飮福 등의 순서로 진행된다.

7. 종교의 제례

종교를 가진 사람들은 대부분 제사를 지내지 않으며, 각 종교에 해당하는 추도식 또는 미사 등으로 제사를 대신한다.

1) 기독교 추도식

기일이 되면 목사의 주관으로 추도식을 행한다. '내 평생에 가는 길' 또는 ' 저 높은 곳을 향하여' 등의 찬송으로 시작하며, 찬송이 끝나면 주례목사가 기도를 한다. 이때 기도는 유족들이 슬퍼하지 말고 하늘을 바라보며 위안과 소망을 갖게 해달라는 내용으로 이뤄진다. 그런 다음 추도식과 관련 있는 성경 구절을 낭독하고 다시 찬송을 부른다. 이후 주례목사는 고인의 행적이나 유훈을 설교 겸해서 말하며, 약 3분간 고인의 명복을 비는 묵도 시간이 이어진다. 다시 찬송을 부른 뒤 참례자 일동이 주기도문을 외우면서 추도식을 마친다.

기독교에서 제사를 지내지 않는 이유는 고인을 신격화하여 숭배하지 않는다는 의미를 가지고 있다.

2) 천주교 추도미사

장례를 치르고 3일, 7일, 30일째 되는 날 연미사를 드리는데, 첫 기일에는 가족이 다같이 고해성사를 하고 성체성사를 받도록 한다. 추도미사에 참례하는 사람들에게는 간단한 음식을 대접하며, 고인을 위해 드리는 미사는 성모께서 부탁하신 일이라 하여 최근에는 더욱 강조하고 있다.

11월 2일은 천주교에서 묘제라고 할 수 있는 날로, 연옥(煉獄, 고인의 영혼이 살아 있는 동안 지은 죄를 씻고 천국으로 가기 위해 잠시 머무른다고 믿는 장소)에 있는 모든 영혼을 위한 미사를 올린다. 이 날을 '위령의 날' 이라고 하며 교우들은 묘지를 찾아 고인의 영혼을 위해 기도를 올린다. 서양은 물론 우리나라에서도 이 날 사이가 좋은 사람들이 함께 묘지에 모이고 특정한 묘지에 관계가 없는 사람들도 함께 모이기도 한다.

3) 불교 추도 의식

불교에는 사십구재四十九齋(사람이 죽은 날로부터 매 7일째마다 7회에 걸쳐서 49일 동안 개최하는 종교의식으로 죽은 사람의 명복을 비는 천도의식)와 백재百齋(사람이 죽은 지 백날 되는 날에 드리는 불공)와 같은 고인의 명복을 비는 재齋가 있고, 소기小朞(사람이 죽은 지 1년 만에 지내는 제사)와 대기大朞(사람이 죽은 지 2년 만에 지내는 제사)에도 재齋를 올린다. 위패를 절에 모실 때는 유가족이 참석하지 못해도 기일과 생일에 재를 올린다.

재의 절차는 주례스님이 재를 선언하는 개식으로 시작된다. 곧 불법승佛法僧의 삼보三寶에 인간이 귀의한다는 삼귀의례三歸依禮가 거행되며, 반야심경을 읽는 독경, 모두 방에 들어가 앉아 하는 묵도 등이 이어진다. 다음은 추도문과 추도사 낭독으로, 추도문은 고인이 생전에 친했던 사람이 고인의 약력을 소개하는 등으로 이뤄진다. 내빈 중 대표가 나와 위로의 말을 전하는 감상이 끝나면 유족과 참석한 사람들이 차례로 분향하고, 제주가 내빈에게 감사의 답례를 하면서 의식이 끝나게 된다.

4) 일반 추도식

고인이 국가와 사회 또는 공익에 기여한 바가 많을 때는 고인을 따르던 사람들이 추도식을 가지는 경우가 있다. 추도식에 참석한 사람은 각자 분향 배례하고 유가족에게 인사한 뒤 물러난다. 참석자는 모두 엄숙하게 행동하며 검은색의 점잖은 옷차림을 하도록 한다.

제물은 차리지 않으며 넓은 장소나 묘소 등에서 하는데, 사회자가 개식을 선언하면 고인을 추모하는 묵념이나 배례가 이어진다. 묵념이 끝나면 고인의 업적을 간추려 소개한 뒤, 영정에 향을 피우고 배례하면 추도식이 끝난다.

5) 합동 위령제

전쟁, 대형사고, 천재지변 등으로 많은 사람들이 희생되었을 때 이들을 위로하는 의식이다. 위령제는 주관하는 측에 따라 일반 의식 또는 종교 의식 등으로 할 수 있다. 합동 위령제의 순서는 일반적으로 개식, 주악, 일동 경례, 사건의 보고, 추모사, 분향과 헌작, 일동 경례, 주악, 예필 선언 등으로 이뤄진다.

위령제에 참석할 때는 검정 양복 또는 흰색 한복이 좋으며, 분향이나 헌작 등은 소수의 대표자로 한정하여 번거로움을 막고 시간을 절약할 수 있도록 한다.

이야기) 새로운 제사 모델 만들기

시대가 달라지면서 관혼상제 역시 크게 달라지고 있다. 가족의 규모가 작아지면서 제사 역시 많은 부분이 바뀌어가고 있는데, 대표적인 것들을 예로 들어 새로운 제사 모델을 만들어 보는 것도 의미 있는 일일 것이다. 옛것의 정신을 잘 살리되 현재의 상황에 맞게 그 절차를 조금씩 바꾸어나간다면 제사를 좀 더 효율적으로 그리고 기쁜 마음으로 지낼 수 있을 것이다.

1. 축문, 지방 등은 한글로 준비하자

한글로 준비하게 되면 이해하기 쉽고 친근감 있게 마음에 와닿는 문안을 직접 만들 수 있다. 제주와 참례자가 각각 고인을 추모하는 글을 임의대로 만들어서 읽어도 좋다.

2. 장자 중심의 봉사奉祀에서 벗어나자

딸과 아들의 구별이 없는 시대에서 아들이 없다고 제사를 못 지내는 것은 아니다. 실제로 딸이나 사위가 처가 어른을 봉양하는 경우도 많다. 신축성 있게 제사를 지내며 여자들도 제사에 참여하면서 평등한 제사를 만들어 나간다.

3. 제수 비용과 음식을 공동으로 준비하자

제수를 장만하는 것은 시간과 비용이 많이 드는 일이다. 본래의 의미를 잃지 않는 선에서 공동으로 비용과 음식을 준비한다면 부담이 많이 줄어들 수 있다.